SAY IT IN
HUNGARIAN

by Juliette Victor-Rood, Ph.D.

Assistant Professor of German
The Pennsylvania State University

DOVER PUBLICATIONS, INC.
New York

The Dover *Say It* series is prepared under the editorial supervision of R. A. Sorenson.

Published in Canada by General Publishing Company, Ltd., 30 Lesmill Road, Don Mills, Toronto, Ontario.
Published in the United Kingdom by Constable and Company, Ltd., 10 Orange Street, London WC2H 7EG.

Say It in Hungarian is a new work, first published by Dover Publications, Inc., in 1983.

Manufactured in the United States of America
Dover Publications, Inc.
180 Varick Street
New York, N.Y. 10014

Library of Congress Cataloging in Publication Data

Victor-Rood, Juliette.
Say it in Hungarian.

(Dover "say it" series)
Includes index.
1. Hungarian language—Conversation and phrase books—English. I. Title.
PH2121.V5   1983   494′.51183421   82–12947
ISBN 0-486-24423-7

TABLE OF CONTENTS

INTRODUCTION

Hungarian is spoken by about 13 million people, mainly in the central Danube Valley. Aside from being the national language of Hungary, Hungarian is spoken by substantial communities in Czechoslovakia, Romania and Yugoslavia. Other Hungarian speakers are scattered throughout the world, including about half a million of them in the United States. There is little difference between dialects in Hungarian, and the phrases in this book will be understood by Hungarian speakers everywhere.

Hungarian is a member of the Finno-Ugric branch of the Uralic family of languages, and is therefore unrelated to the familiar languages of Europe. Its closest relatives are the Vogul and Ostyak languages of Siberia, and it is more distantly related to Finnish and Estonian. As you might expect, then, Hungarian grammar is quite different from that of English and other Indo-European languages, and Hungarian has always been considered a difficult language to learn. *Say It in Hungarian* will enable you to communicate in a part of Eastern Europe where few people speak English.

NOTES ON THE USE OF THIS BOOK

The words, phrases and sentences in this book have been selected to provide for the communications needs of the traveler or foreign resident in Hungary, and they have been divided into sections corresponding to the situations likely to be encountered in travel and in daily life. The entries which consist of vocabulary lists have been alphabetized according to their English headings, with the exception of the sections on food and public notices, which have been alphabetized according to the Hungarian entries to facilitate reference to menus and signs. The index at the back of the book serves as a handy English-Hungarian glossary, and helps you to locate quickly a specific word or phrase. With the aid of the index or a bilingual dictionary, many sentence patterns included here will answer innumerable needs. For example, the place occupied by "six" in the sentence

I shall wait for your call until [six] o'clock.

may be filled with another number in accordance with your needs. In other sentences, the words in square brackets can be replaced with words immediately following (in the same sentence or in the indented entries below it). Thus, the entry

These things [to the left] [to the right] belong to me.

provides two sentences: "These things to the left belong to me" and "These things to the right belong to me." Three sentences are provided by the following entries:

How much does it cost [per hour]?
—per kilometer.
—per day.

The substitutions taken from the same entry or the indented entries following a sentence will always be in the correct grammatical form. Since Hungarian nouns and verbs take a variety of endings depending on their context, those substitutions you supply yourself from the index or a bilingual dictionary will not always be in the correct form. However, Hungarians should have no trouble understanding what you mean.

Please note that while brackets always indicate the possibility of substitution, parentheses have been used to provide additional information. They are used to indicate synonyms or alternative usage for an entry:

Please have a seat. (OR: Won't you sit down?)

Parentheses may also be used to explain the nuances of a word or phrase. The abbreviation LIT. is used whenever a parenthetical literal translation of a Hungarian sentence is provided. When a word has different forms according to sex (like English "actor" and "actress"), the abbreviations M. and F. will be used to indicate masculine and feminine forms, respectively.

You will notice that the word "please" has been omitted from many of the sentences in this book. This was done for reasons of space and clarity. To be polite, you should add the word *kérem* (KAY-rehm) whenever you would normally say "please" in English.

The extensive index at the back of the book is especially useful. Capitalized items in the index refer to section headings and give the number of the page on which the section begins. All other numbers refer to *entry numbers* (individual entries are numbered consecutively throughout the book).

PRONUNCIATION

Although Hungarian has some sounds with which you are probably unfamiliar, you should be able to produce them with a little practice, especially when you hear spoken Hungarian and try to imitate it. To aid you in pronouncing Hungarian properly, we have provided a convenient transcription system and the explanatory chart which follows. Look over the chart carefully; the transcription should be read like English except for the special rules noted in the chart. With care, you will be able to make yourself understood in Hungarian before you have heard a word of it spoken.

CONSONANTS

Hungarian Spelling	Transcription	Remarks
b	b	Like the *b* in *bear*.
c	ts	Like the *ts* in *cats* or *tsetse*.
cs	ch	Like the *ch* in *much*.
d	d	Like the *d* in *dog*.
dz	dz	Like the *ds* in *heads*.
dzs	j	Like the *j* in *jam*.
f	f	Like the *f* in *fire*.
g	g	Like the *g* in *get*.
gy	dy	Like the *d-y* sound in *and you* or the *di* sound in French "adieu."
h	h	Like the *h* in *have*.
j	y, hy	Usually like the *y* in *yet*, *never* like the *j* in *jam*. At the end of a word after *p, t, k,* or *r, j* sounds like the *ch* in German "*ich,*" which is similar to an exaggerated pronunciation of the *h* in *huge*; this sound is transcribed *hy.*

k	k	Like the *k* in *sk*in. (*k*, *p*, and *t* are not aspirated [followed by a puff of air] in Hungarian, as they are at the beginning of a word in English).
l	l	Like the *l* in *l*aw.
ly	y	Same as the Hungarian *j* (like *y* in *y*et).
m	m	Like the *m* in *m*any.
n	n	Like the *n* in *n*ail.
ny	ny	Like the *ny* in ca*ny*on or the *ñ* in Spanish "ma*ñ*ana."
p	p	Like the *p* in *sp*ot.
r	r	A rolled *r* as in Spanish "pe*r*o."
s	sh	Like the *sh* in *sh*ine.
sz	s	Like the *s* in *s*et.
t	t	Like the *t* in s*t*op.
ty	ty	Like the *t-y* sound in a moderately fast pronunciation of won't *y*ou or the *ti* in French "*ti*ens."
v	v	Like the *v* in *v*ictor.
z	z	Like the *z* in *z*ebra.
zs	zh	Like the *s* in plea*s*ure or the *j* in French "*j*amais."

VOWELS

Hungarian Spelling	Transcription	Remarks
a	aw	Like the *aw* in *awful*.
á	ah	Like the *a* in *father*.
e	eh	Like the *e* in *get*.
é	ay	Like the *a* in *ace* (it is not a diphthong like the sound in English *ray*, which is really *ay-ee*).
i	i	Like the *i* in *hit*.
í	ee	Like the *ee* in *feet*.
o	o	Like the *o* in *hotel*.
ó	oh	Like the *o* in *hotel*, which is held longer than the *o* in *hotel* (*ó* is not an *o-oo* diphthong as in English *so*).
ö	ö	A short sound made by rounding the lips to say *oh* but moving the tongue to say *ay* (like German *ö* as in "Töchter").
ő	öh	Same as *ö* but held longer (like German *ö* as in "Söhne").
u	oo	Like the *oo* in *toot*.

ü	ooh	Like the *oo* in *moon*, which is held longer than the *oo* in *toot*.
ü	ü	A short sound made by rounding the lips to say *oo* but moving the tongue to say *ee* (like the *ü* in German "Hütte" or the *u* in French "Luc").
ü	üh	Same as *ü* but held longer (like the *ü* in German "müde" or the *u* in French "s'amuse").

NOTES*

Consonants

Please remember that *y*, both in Hungarian and in our transcription, is *never* pronounced as a vowel; its sole function is to form a digraph (a single sound represented by two letters, like English *ch*).

When a consonant is spelled double and occurs between two vowels, it is pronounced *long*: *állami* is transcribed *AHL-law-mi*. (Compare the *l* sound in English "*all little*" with that in "*a little*.") Double consonants are pronounced long whether they appear within a word or at the end of a word when the following word begins with a vowel. When a double consonant is followed by another consonant, however, it is treated as a single consonant: *jobbra* is therefore pronounced *YOB-raw*. Double consonants are also pronounced when *d, gy, t, ty, n, ny, l,* or *ly* are followed by *j*; the *j* is not itself pronounced in this case: *anya = AW-nyaw*, but *anyja = AWNY-nyaw* (remember not to pronounce the *y* as a vowel).

The pronunciation of a single consonant can also be affected by the consonant immediately following it. For example, the *g* in *nyugta* (*NYOOK-taw*) is pronounced as a *k* because it is followed by an unvoiced consonant (one pronounced without vocal-cord vibration). When an unvoiced consonant is followed by a voiced consonant (except for *j, ly, m, n, ny, r, v*), it becomes voiced; for example, the *s* in *városban* is pronounced *zh* because it is followed by the voiced consonant *b*: *VAH-rozh-bawn*. These and all other consonant modifications will be indicated in the transcription.

---

* These notes and the pronunciation guide have been prepared in consultation with Dr. David S. Rood, Professor of Linguistics, University of Colorado at Boulder.

Vowels

There are no diphthongs in Hungarian. When two vowels appear together, each is pronounced as a distinct sound (*ideig* = I-deh-ig). Thus, a word has as many syllables as it has vowels.

Words beginning with vowels are generally joined in pronunciation to the words preceding them. This will not be represented in the transcription.

Stress

Hungarian words are *always* accented on the first syllable. In words of more than one syllable, the stressed syllable is printed in capital letters in our transcription. Longer words sometimes have a weaker, secondary stress, which will also be printed in capitals. One-syllable words are not capitalized in our transcription even though most of them (exceptions: the articles *a, az* and *egy*) are stressed. The more you hear Hungarian spoken, the better you will be at imitating its patterns of stress.

EVERYDAY PHRASES

1. Hello (OR: **Good day; Good afternoon).**
Jó napot. *yoh NAW-pot.*

2. Good morning. Jó reggelt. *yoh REHG-gehlt.*

3. Good evening. Jó estét. *yoh EHSH-tayt.*

4. Good night. Jó éjszakát. *yoh AYY-saw-kaht.*

5. Hi. Szervusz.* *SEHR-voos.*

6. Welcome! (LIT.: **God brought [you].)**
Isten hozott! *ISH-tehn HO-zott!*

7. Goodbye. (LIT.: **Till (we) see (each other) again.)**
Viszontlátásra. *VI-sont-LAH-tahsh-raw.*

8. Pleased to meet you. Örvendek. *ÖR-vehn-dehk.*

9. Yes. Igen. *I-gehn.*

10. No. Nem. *nehm.*

11. Perhaps (OR: **Maybe).** Talán. *TAW-lahn.*

12. Please. Kérem. *KAY-rehm.*

13. Allow me. Engedje meg. *EHN-gehdy-dyeh mehg.*

14. Excuse me. Bocsánat. *BO-chah-nawt.*

15. Thanks [very much].
Köszönöm [szépen]. *KÖ-sö-nöm [SAY-pehn].*

16. You are welcome. (LIT.: **Gladly; with pleasure.)**
Szívesen. *SEE-veh-shehn.*

17. All right. (OR: **Fine; good; well.)**
Rendben van (OR: **Jól).** *REHND-behn vawn* (OR: *yohl).*

18. It doesn't matter. Nem baj. *nehm bawy.*

---

* *Szervusz* is an informal greeting, usually used among close friends.

19. Don't bother.
Ne törődjék vele.   *neh TÖ-röhdy-dyayk VEH-leh.*

20. I am sorry.   Sajnálom.   *SHAWY-nah-lom.*

21. You have been [very kind].
[Nagyon kedves] volt.   [*NAW-dyon KEHD-vehsh*] *volt.*

22. You have been very helpful. (LIT.: That was a big help.)
Ez nagy segítség volt.   *ehz nawdy SHEH-gee-chayg volt.*

23. Come in.   Jöjjön be.   *YÖY-yön beh.*

24. Listen.   Idefigyeljen.   *I-deh-FI-dyehy-yehn.*

25. Look out.   Vigyázzon.   *VI-dyahz-zon.*

26. Be careful.
Legyen óvatos.   *LEH-dyehn OH-vaw-tosh.*

SOCIAL PHRASES

27. May I introduce [Mrs. Kovács]?
Megengedi, hogy bemutassam [Kovács-nét]?
MEHG-ehn-geh-di, hody BEH-moo-tawsh-shawm
  [*KO-vahch-nayt*]?

28. —Miss Molnár.
—Molnár kisasszonyt.   —*MOL-nahr KISH-as-sonyt.*

29. —Mr. Tóth.   —Tóth urat.   —*toht OO-rawt.*

30. How are you?   Hogy van?   *hody vawn?*

31. Very well, thanks, and you?
Köszönöm, nagyon jól, és ön?
KÖ-sö-nöm, NAW-dyon yohl, aysh ön?

32. How are things?
Hogy mennek a dolgok?   *hody MEHN-nehk aw*
  DOL-gok?

33. So, so.   Mennek.   *MEHN-nehk.*

34. What's new? Mi újság? *mi OOHY-shahg?*

35. Please have a seat. (OR: **Won't you sit down?**)
Foglaljon helyet. *FOG-lawy-yon HEH-yeht.*

36. It's a pleasure to see you again.
Örülök, hogy ismét találkozunk.
Ö-rü-lök, hody ISH-mayt TAW-lahl-ko-zoonk.

37. Congratulations. Gratulálok. *GRAW-too-lah-lok.*

38. All the best. Minden jót. *MIN-dehn yoht.*

39. I like you very much.
Maga nagyon tetszik nekem.
MAW-gaw NAW-dyon TEHT-sik NEH-kehm.

40. I love you.
Szeretem magát.* *SEH-reh-tehm MAW-gaht.*

41. May I see you again?
Találkozhatunk megint?
TAW-lahl-kos-haw-toonk MEH-gint?

42. Can we make a date for next week?
Találkozhatnánk a jövő héten?
TAW-lahl-kos-hawt-nahnk aw YÖ-vöh HAY-tehn?

43. I have enjoyed myself very much.
Nagyon jól éreztem magam.
NAW-dyon yohl AY-rehs-tehm MAW-gawm.

44. Give my regards to your [boy friend].
Adja át üdvözletemet a [barátjának].
AWDY-dyaw aht ÜD-vöz-leh-teh-meht aw [BAW-rahty-tyah-nawk].

---

* This is for the polite form of "you." Said to someone
addressed as *te* (familiar form), "I love you" would be *szeretlek*
(pronounced *SEH-reht-lehk*).

45. —girl friend.
—barátnőjének.   *—BAW-raht-NÖH-yay-nehk.*
See also "Family," p. 145.

BASIC QUESTIONS

46. What? Mi? Mit?* *mi? mit?*
47. What did you say? (LIT.: **Please?**)
Tessék? *TEHSH-shayk?*
48. What is that? Mi az? *mi awz?*
49. What is this? Mi ez? *mi ehz?*
50. What should I do?
Mit csináljak? *mit CHI-nahy-yawk?*
51. What is wrong? (OR: **What's the matter?**)
Mi a baj? (OR: Mi baj van?)
mi aw bawy? (OR: *mi bawy vawn?*)
52. What do you want? Mit akar? *mit AW-kawr?*
53. When? Mikor? *MI-kor?*
54. When does it [leave]?
Mikor [indul]? *MI-kor [IN-dool]?*
55. —arrive. —érkezik. *—AYR-keh-zik.*
56. —begin. —kezdődik. *—KEHZ-döh-dik.*
57. When does it end? (LIT.: **Until when does it last?**)
Meddig tart? *MEHD-dig tawrt?*
58. Where? Hol? *hol?*
59. Where is it? Hol van? *hol vawn?*

* *Mi* is used when "what" is the subject of the verb; *mit*, when "what" is the object of the verb.

60. Why? Miért? *MI-ayrt?*

61. How? Hogyan? *HO-dyawn?*

62. How long? Mennyi ideig? *MEHNY-nyi I-deh-ig?*

63. How far?
Milyen messze van? *MI-yehn MEHS-seh vawn?*

64. How much? Mennyi? *MEHNY-nyi?*

65. How many? Hány? *hahny?*

66. How do you do it?
Hogyan csinálja? *HO-dyawn CHI-nahy-yaw?*

67. How does it work?
Hogyan működik? *HO-dyawn MÜH-kö-dik?*

68. Who? Ki? *ki?*

69. Who are you? Ki ön? *ki ön?*

70. Who is [that boy]?
Ki [az a fiú]? *ki [awz aw FI-ooh]?*

71. —**that girl.** —az a lány. —*awz aw lahny.*

72. —**this man.** —ez a férfi. —*ehz aw FAYR-fi.*

73. —**that woman.** —az a nő. —*awz aw növ.*

74. Am I [on time]? (LIT.: **Did I come/arrive on time?**)
[Pontosan] jöttem? *[PON-to-shawn] YÖT-tehm?*

75. —**early.** Korán —. *KO-rahn —.*

76. Am I late? Elkéstem? *EHL-kaysh-tehm?*

TALKING ABOUT YOURSELF

77. What is your name? Mi a neve? *mi aw NEH-veh?*

78. I am Mr. [Kovács].
[Kovács] úr vagyok. *[KO-vahch] oohr VAW-dyok.*

79. My name is [János].
[János] vagyok. [*YAH-nosh*] *VAW-dyok.*

80. I am [21] years old.
[Huszonegy] éves vagyok.
[*HOO-son-ehdydy*] *AY-vehsh VAW-dyok.*

81. I am [an American citizen].
[Amerikai állampolgár] vagyok.
[*AW-meh-ri-kaw-i AHL-lawm-pol-gahr*] *VAW-dyok.*

82. —a student.
Egyetemi hallgató —.
EHDY-dyeh-teh-mi HAWL-gaw-toh —.

83. —a grade school teacher.
Tanító —. *TAW-nee-toh —.*

84. —a high school teacher. Tanár —. *TAW-nahr —.*

85. —a tourist. Turista —. *TOO-rish-taw —.*

86. —a businessman.
Üzletember —. *ÜZ-leht-EHM-behr —.*

87. My address is [19 Kossuth Lajos Street].
A címem [Kossuth Lajos utca tizenkilenc].
*aw TSEE-mehm KO-shoot LAW-yosh OOTS-tsaw
TI-zehn-KI-lehnts.*

88. What is your job?
Mi a munkaköre? *mi aw MOON-kaw-kö-reh?*

89. I am a friend of [Mr. Szabó].
[Szabó úr] barátja* vagyok.
[*SAW-boh oohr*] *BAW-rahty-tyaw VAW-dyok.*

---

* *Barátja* is used if the speaker—that is, the friend—is a man.
If the friend is a woman, the form in this sentence should be
barátnője (pronounced *BAW-raht-NÖH-yeh*).

90. He works for [MAHART].
A [MAHART]nál dolgozik.
aw [MAW-hawrt]-nahl DOL-go-zik.

91. I am here [on a vacation].
[Vakáción] vagyok itt.
[VAW-kah-tsi-ohn] VAW-dyok itt.

92. —on a business trip.
Üzleti úton —. *ÜZ-leh-ti OOH-ton —.*

93. I have been here [one week].
[Egy hete] vagyok itt. *ehdy HEH-teh VAW-dyok itt.*

94. We plan to stay here until [Friday].
Úgy tervezzük, hogy [péntek]ig itt maradunk.
*oohdy TEHR-vehz-zük, hody [PAYN-tehk]-ig it
MAW-raw-doonk.*

95. I am traveling to [Szeged].
[Szeged]re utazom. *[SEH-gehd]-reh OO-taw-zom.*

96. I am in a hurry. Sietek. *SHI-eh-tehk.*

97. I am cold. Fázom. *FAH-zom.*

98. I am warm. Melegem van. *MEH-leh-gehm vawn.*

99. I am busy. Sok dolgom van. *shok DOL-gom vawn.*

100. I am [tired].
[Fáradt] vagyok. *[FAH-rawtt] VAW-dyok.*

101. —hungry. Éhes —. *AY-hehsh —.*

102. —thirsty. Szomjas —. *SOM-yawsh —.*

103. I am glad. Örülök. *Ö-rü-lök.*

104. I am disappointed. (LIT.: This is a disappointment on my part.)
Ez csalódás a számomra.
ehz CHAW-loh-dahsh aw SAH-mom-raw.

105. I cannot do it.
Ezt nem tudom megtenni.
ehst nehm TOO-dom MEHG-tehn-ni.

106. We are happy.
Boldogok vagyunk. *BOL-do-gok VAW-dyoonk.*

107. V.'e are unhappy.
Nem vagyunk boldogok.
nehm VAW-dyoonk BOL-do-gok.

108. We are angry.   Haragszunk.   *HAW-rawk-soonk.*

MAKING YOURSELF UNDERSTOOD

109. Do you speak [English]?
Beszél (ön) [angolul]?   *BEH-sayl (ön) [AWN-go-lool]?*

110. Where is [English] spoken?
Hol beszélnek [angolul]?
hol BEH-sayl-nehk [AWN-go-lool]?

111. Does anyone here speak [French]?
Beszél itt valaki [franciául]?
BEH-sayl it VAW-law-ki [FRAWN-tsi-ah-ool]?

112. I read only [Italian].
Csak [olaszul] olvasok.
chawk [O-law-sool] OL-vaw-shok.

113. I speak a little [German].
Beszélek egy kicsit [németül].
BEH-say-lehk ehdy KI-chit [NAY-meh-tül].

114. Speak more slowly.
Lassabban beszéljen.
LAWSH-shawb-bawn BEH-say-yehn.

115. I [do not] understand.
[Nem] értem.   *[nehm] AYR-tehm.*

116. Do you understand me? (LIT.: **Do you understand what I am saying?**)

Érti, amit mondok? *AYR-ti, AW-mit MON-dok?*

117. I [do not] know. [Nem] tudom. *[nehm] TOO-dom.*

118. I think so. Azt hiszem, igen. *awst HI-sehm, I-gehn.*

119. Repeat it, please.

Ismételje meg, kérem.

ISH-may-tehy-yeh mehg, KAY-rehm.

120. Write it down, please.

Írja le, kérem. *EER-yaw leh, KAY-rehm.*

121. Answer "yes" or "no."

Válaszoljon: "igen" vagy "nem."

VAH-law-soy-yon: "I-gehn" vawdy "nehm."

122. You are right. Igaza van. *I-gaw-zaw vawn.*

123. You are wrong. Nincs igaza. *ninch I-gaw-zaw.*

124. What does [this word] mean?

Mit jelent [ez a szó]? *mit YEH-lehnt [ehz aw soh]?*

125. How do you say ["pencil"] in Hungarian?

Hogy mondják magyarul ["pencil"]?

hody MONDY-dyahk MAW-dyaw-rool ["pencil"]?

126. How do you spell [Pécs]?

Hogy írják [Pécs]et? *hody EER-yahk [PAY-ch]eht?*

DIFFICULTIES AND MISUNDERSTANDINGS

127. Where is [the American Embassy]?

Hol van [az amerikai követség]?

hol vawn [awz AW-meh-ri-kaw-i KÖ-veh-chayg]?

128. —the police station.
—a rendőrkapitányság.
—*aw REHND-öhr-KAW-pi-tahny-shahg.*

129. —the lost-and-found office.
—a talált tárgyak osztálya.
—*aw TAW-lahlt TAHR-dyawk OS-tah-yaw.*

130. I want to talk [with the manager].
[Az üzletvezetővel] akarok beszélni.
[*awz ÜZ-leht-VEH-zeh-töh-vehl*] *AW-kaw-rok
BEH-sayl-ni.*

131. —with your superior.
A felettesével —.   *aw FEH-leht-teh-shay-vehl* —.

132. Can you help me?
Tudna nekem segíteni?
TOOD-naw NEH-kehm SHEH-gee-teh-ni?

133. Can you tell me how to get there?
Meg tudná mondani, hogyan kell odamenni?
*mehg TOOD-nah MON-daw-ni, HO-dyawn kehll
O-daw-MEHN-ni?*

134. I am looking for my [friend (m.)] [friend (f.)].
[A barátomat] [A barátnőmet] keresem.
[*aw BAW-rah-to-mawt*] [*aw BAW-raht-NÖH-meht*]
KEH-reh-shehm.

135. I am lost.   Eltévedtem.   *EHL-tay-veht-tehm.*

136. I cannot find [the address].
Nem találom [a címet].
nehm TAW-lah-lom [*aw TSEE-meht*].

137. She has lost [her handbag].
Elvesztette [a kézitáskáját].
EHL-vehs-teht-teh [*aw KAY-zi-tahsh-kah-yaht*].

138. We forgot [our keys].
Elfelejtettük [a kulcsainkat].
EHL-feh-lehy-teht-tük [aw KOOL-chaw-in-kawt].

139. We missed [the train].
Lekéstük [a vonatot]. *LEH-kaysh-tük [aw VO-naw-tot].*

140. It is not my fault.
Nem az én hibám. *nehm awz ayn HI-bahm.*

141. I do not remember [the name].
Nem emlékszem [a névre].
nehm EHM-layk-sehm [aw NAYV-reh].

142. Let us alone!
Hagyjon nekünk békét!
HAWDY-dyon NEH-künk BAY-kayt!

143. Go away! Távozzék! *TAH-voz-zayk!*

144. Help! Segítség! *SHEH-gee-chayg!*

145. Police! Rendőr! *REHND-öhr!*

146. Thief! Tolvaj! *TOL-vawy!*

147. Fire! Tűz van! *tühz vawn!*

148. Look out! Vigyázzon! *VI-dyahz-zon!*

149. This is an emergency.
Ez egy sürgős eset. *ehz ehdy SHÜR-göhsh EH-sheht.*

CUSTOMS

150. Where is [the customs office]?
Hol van [a vámhivatal]?
hol vawn [aw VAHM-hi-vaw-tawl]?

151. Here is [our baggage].
Itt van [a poggyászunk]. *it vawn [aw PODY-dyah-soonk].*

152. —my passport.
—az útlevelem. —*awz OOHT-leh-veh-lehm.*

153. —my identification card.
—a személyi igazolványom.
—*aw SEH-may-yi I-gaw-zol-vah-nyom.*

154. —my health certificate.
—az orvosi bizonyítványom.
—*awz OR-vo-shi BI-zo-nyeet-vah-nyom.*

155. —my visitor's visa.
—látogatóvízumom. —*LAH-to-gaw-toh-VEE-zoo-mom.*

156. I am in transit (OR: passing through).
Átutazóban vagyok. *AH-too-taw-zoh-bawn VAW-dyok.*

157. [The bags] over there are mine.
[A bőröndök] ott az enyémek.
[aw BŐH-rön-dök] ott awz EH-nyay-mehk.

158. Must I open everything?
Mindent ki kell nyitnom?
MIN-dehnt ki kehl NYIT-nom?

159. I cannot open [the trunk].
Nem tudom kinyitni [a bőröndöt].
nehm TOO-dom KI-nyit-ni [aw BŐH-rön-döt].

160. There is nothing here [but clothing].
Itt [csak ruhák] vannak.
it [chawk ROO-hahk] VAWN-nawk.

161. I have nothing to declare.
Semmi elvámolni valóm nincs.
SHEHM-mi EHL-vah-mol-ni VAW-lohm ninch.

126. Everything is for my own use.
Minden a saját használatomra van.
MIN-dehn aw SHAW-yaht HAWS-nah-law-tom-raw vawn.

163. I bought [this necklace] in the United States.
[Ezt a nyakláncot] az Egyesült Államokban vettem.
[*ehst aw NYAWK-lahn-tsot*] *awz EH-dyeh-shült
AH-law-mog-bawn VEHT-tehm.*

164. These are [gifts].
Ezek [ajándékok].   *EH-zehk [AW-yahn-day-kok].*

165. I have nothing else.
Másom nincs.   *MAH-shom ninch.*

166. Must I pay duty [on these things]?
Kell [ezek után a dolgok után] vámot fizetnem?
*kehll [EH-zehk OO-tahn aw DOL-gok OO-tahn] VAH-mot
FI-zeht-nehm?*

167. Have you finished?   Készen van?   *KAY-sehn vawn?*

BAGGAGE

168. Where can we check our luggage through [to Vienna]?
Hol kell a poggyászt [Bécsbe] feladni?
hol kehll aw PODY-dyahst [BAYJ-beh] FEHL-awd-ni?

169. These things [to the left] [to the right] belong to me.
Ezek a dolgok itt [balra] [jobbra] az enyémek.
*EH-zehk aw DOL-gok it [BAWL-raw] [YOB-raw] awz
EH-nyay-mehk.*

170. I cannot find one piece of my luggage.
Nem találom a poggyászom egy részét.
nehm TAW-lah-lom aw PODY-dyah-som ehdy RAY-sayt.

171. One of my packages is missing.
Az egyik csomagom hiányzik.
awz EHDY-dyik CHO-maw-gom HI-ahny-zik.

172. I want to leave [this suitcase] here for a couple of days.
Itt akarom hagyni [ezt a bőröndöt] egy pár napra.
*itt AW-kaw-rom HAWDY-ni [ehst aw BÖH-rön-döt]
ehdy pahr NAWP-raw.*

173. Give me a receipt for the baggage.
Adjon egy nyugtát a poggyászról.
AWDY-dyon ehdy NYOOK-taht aw PODY-dyahs-rohl.

174. I own a black suitcase.
Egy fekete bőröndöm van.
ehdy FEH-keh-teh BÖH-rön-döm vawn.

175. I have four pieces of luggage in all.
Összesen négy darab poggyászom van.
ÖS-seh-shehn naydy DAW-rawb PODY-dyah-som vawn.

176. Carry this to the baggage room.
Vigye ezt a poggyászmegőrzőbe.
VI-dyeh ehst aw PODY-dyahs-MEHG-öhr-zöh-beh.

177. Don't forget this.
Ezt ne felejtse el.   *ehst ne FEH-lehy-cheh ehl.*

178. I shall carry this myself.
Ezt magam fogom vinni.
ehst MAW-gawm FO-gom VIN-ni.

179. Follow me.
Jöjjön utánam.   *YÖY-yön OO-tah-nawm.*

180. Get me [a taxi].
Hívjon nekem [egy taxit].
HEEV-yon NEH-kehm [ehdy TAWK-sit].

181. —a porter. —egy hordárt.   *—ehdy HOR-dahrt.*

182. This is very [fragile].
Ez nagyon [törékeny].   *ehz NAW-dyon [TÖ-ray-kehny].*

183. Handle this carefully.
Kezelje ezt vigyázva.   *KEH-zehy-yeh ehst VI-dyahz-vaw.*

184. How much do I owe you?
Mennyivel tartozom?
MEHNY-nyi-vehl TAWR-to-zom?

185. What is the customary tip?
Mennyi a szokásos borravaló?
MEHNY-nyi aw SO-kah-shosh BOR-raw-VAW-loh?

TRAVEL DIRECTIONS

186. I want to go [to the airline office].
[A légiforgalmi társaság irodájába] akarok menni.
*[aw LAY-gi-FOR-gawl-mi TAHR-shaw-shahg
I-ro-dah-yah-baw] AW-kaw-rok MEHN-ni.*

187. —to the travel agent's office.
Az utazási irodába —.
awz OO-taw-zah-shi I-ro-dah-baw —.

188. —to the [Hungarian] state tourist bureau.
A [magyar] állami idegenforgalmi hivatalba —.
*aw [MAW-dyawr] AHL-law-mi I-deh-gehn-FOR-gawl-mi
Hi-vaw-tawl-baw —.*

189. How long does it take to walk to [the City Park]?
Mennyire van innen gyalog [a Városliget]?
*MEHNY-nyi-reh vawn IN-nehn DYAW-log [aw
VAH-rosh-LI-geht]?*

190. Is this the shortest way [to the Castle]?
Ez a legrövidebb út [a Várba]?
ehz aw LEHG-rö-vi-dehbb ooht [aw VAHR-baw]?

191. Show me the way [to the center of town].
Mutassa meg az utat [a város közepébe].
*MOO-tawsh-shaw mehg awz OO-tawt [aw VAH-rosh
KÖ-zeh-pay-beh].*

192. —to the shopping section.
—az üzleti negyedbe. —*awz ÜZ-leh-ti NEH-dyehd-beh.*

193. Do I turn [to the north] [to the south] [to the east] [to the west]?
[Északra] [Délre] [Keletre] [Nyugatra] kell fordulnom?
[AY-sawk-raw] [DAYL-reh] [KEH-leht-reh] [NYOO-gawt-raw] kehl FOR-dool-nom?

194. [What street] is this?
[Milyen utca] ez? *[MI-yehn OOTS-tsaw] ehz?*

195. How far is it from here?
Milyen messze van innen?
MI-yehn MEHS-seh vawn IN-nehn?

196. Is it near or far?
Közel van, vagy messze?
KÖ-zehl vawn, vawdy MEHS-seh?

197. Can we walk there?
Tudunk oda gyalog menni?
TOO-doonk O-daw DYAW-log MEHN-ni?

198. Am I going in the right direction?
Jó irányba megyek? *yoh I-rahny-baw MEH-dyehk?*

199. Please point.
Kérem, mutassa az ujjával.
KAY-rehm, MOO-tawsh-shaw awz OOY-yah-vawl.

200. Should I go [this way] [that way]?
Menjek [erre] [arra]?
MEHNY-nyehk [ER-reh] [AWR-raw]?

201. At the next corner turn [left] [right].
A következő sarkon forduljon [balra] [jobbra]!
aw KÖ-veht-keh-zöh SHAWR-kon FOR-dooy-yon [BAWL-raw] [YOB-raw]!

202. Is it [on this side of the street]?
[Ezen az oldalon] van?
[EH-zehn awz OL-daw-lon] vawn?

203. —on the other side of the street.
Az utca túloldalán —.
awz OOTS-tsaw TOOHL-OL-daw-lahn —.

204. —across the bridge.
A híd túlsó oldalán —.
aw heed TOOHL-shoh OL-daw-lawn —.

205. —along the boulevard.
A körút mentén —.   *aw KÖR-ooht MEHN-tayn —.*

206. —between these avenues.
Ezek között az utak között —.
EH-zehk KÖ-zött awz OO-tawk KÖ-zött —.

207. —beyond the traffic light.
A forgalmi jelzőlámpa után —.
aw FOR-gawl-mi YEHL-zöh-LAHM-paw OO-tahn —.

208. —next to the apartment house.
A bérház mellett —.   *aw BAYR-hahz MEHL-lehtt —.*

209. —in the middle of the block.
A két sarok között a középen —.
aw kayt SHAW-rok KÖ-zött aw KÖ-zay-pehn —.

210. —straight ahead.
Egyenesen előre —.   *EH-dyeh-neh-shen EH-löh-reh —.*

211. —inside the station.
Bent az állomásban —.
behnt awz AHL-lo-mahzh-bawn —.

212. —near the square.
A tér közelében —.   *aw tayr KÖ-zeh-lay-behn —.*

213. —outside the lobby.
A hallon kívül —. *aw HAWL-lon KEE-vül* —.

214. —at the entrance.
A bejáratnál —. *aw BEH-yah-rawt-nahl* —.

215. —opposite the park.
A parkkal szemben —.
aw PAWRK-kawl SEHM-behn —.

216. —next to the school.
Az iskola mellett —. *awz ISH-ko-law MEHL-lehtt* —.

217. —in front of the monument.
A műemlék előtt —. *aw MÜH-ehm-layk EH-löhtt* —.

218. —in the rear of the store.
Az üzlet hátsó részében —.
awz ÜZ-leht HAH-choh RAY-say-behn —.

219. —behind the building.
Az épület mögött —. *awz AY-pü-leht MÖ-gött* —.

220. —up the hill. A dombon —. *aw DOM-bon* —.

221. —down the stairs.
Le a lépcsőn —. *leh aw LAYP-chöhn* —.

222. —at the top of the escalator.
A mozgólépcső tetejénél —.
aw MOZ-goh-LAYP-chöh TEH-teh-yay-nayl —.

223. —around the traffic circle.
A körforgalom körül —.
aw KÖR-for-gaw-lom KÖ-rül —.

224. The factory. A gyár. *aw dyahr.*

225. The office building.
Az irodaépület. *awz I-ro-daw-AY-pü-leht.*

226. The residential section.
A lakónegyed. *aw LAW-koh-NEH-dyehd.*

227. **The suburbs.** A külváros. *aw KÜL-vah-rosh.*

228. **The city.** A város. *aw VAH-rosh.*

229. **The country.** A vidék. *aw VI-dayk.*

230. **The village.** A falu. *aw FAW-loo.*

BOAT

231. **When must I go on board?**
Mikor kell beszállnom? *MI-kor kehl BEH-sahl-nom?*

232. **Bon voyage!** Jó utat! *yoh OO-tawt!*

233. **I want to rent a deck chair.**
Nyugágyat akarok bérelni.
NYOOG-ah-dyawt AW-kaw-rok BAY-rehl-ni.

234. **Can we go ashore [at Siófok]?**
Partra szállhatunk [Siófokon]?
PAWRT-raw SAHL-haw-toonk [SHI-oh-FO-kon]?

235. **At what time is lunch served?**
Hány órakor van az ebéd?
hahny OH-raw-kor vawn awz EH-bayd?

236. **When is [the first] [the second] sitting?**
Mikor van [az első] [a második] turnus?
*MI-kor vawn [awz EHL-shöh] [aw MAH-sho-dik]
TOOR-noosh?*

237. **I feel seasick.**
Tengeribetegnek érzem magam.
TEHN-geh-ri-BEH-tehg-nehk AYR-zehm MAW-gawm.

238. **Have you some medicine for seasickness?**
Van valami orvossága tengeribetegség ellen?
*vawn VAW-law-mi OR-vosh-shah-gaw TEHN-geh-ri-
BEH-tehk-shayg EHL-lehn?*

239. Lifeboat.
Mentőcsónak.   *MEHN-töh-CHOH-nawk.*

240. Life preserver. Mentööv.   *MEHN-töh-öv.*

241. The ferry. A komp.   *aw komp.*

242. The dock. A dokk.   *aw dokk.*

243. The cabin. A kabin.   *aw KAW-bin.*

244. The deck. A fedélzet.   *aw FEH-dayl-zeht.*

245. The gymnasium.
A tornaterem.   *aw TOR-naw-TEH-rehm.*

246. The pool.
Az úszómedence.   *awz OOH-soh-MEH-dehn-tseh.*

247. The captain. A kapitány.   *aw KAW-pi-tahny.*

248. The purser. A pénztáros.   *aw PAYNS-tah-rosh.*

249. The cabin steward.
A kabinsteward.   *aw KAW-bin-"steward."*

250. The dining-room steward.
Az ebédlősteward.   *awz EH-bayd-löh-"steward."*

AIRPLANE

251. I want to make a reservation.
Előjegyeztetni akarok.
EH-lö-yeh-dyehs-teht-ni AW-kaw-rok.

252. I want to cancel a reservation.
Le akarok rendelni egy előjegyzést.
*leh AW-kaw-rok REHN-dehl-ni ehdydy EH-löh-
    yehdy-zaysht.*

253. When is the next flight to [Frankfurt]?
Mikor megy a következő járat [Frankfurt]ba?
*MI-kor mehdy aw KÖ-veht-keh-zöh YAH-rawt
    [FRAWNK-foort]-baw?*

254. When does the plane arrive at [London]?
Mikor érkezik a gép [London]ba?
MI-kor AYR-keh-zik aw gayp [LON-don]-baw?

255. What kind of plane is used on that flight?
Milyen gépet használnak ezen a járaton?
*MI-yehn GAY-peht HAWS-nahl-nawk EH-zehn aw
YAH-raw-ton?*

256. Will food be served?
Adnak enni? *AWD-nawk EHN-ni?*

257. May I confirm the reservation by telephone?
Érvényesíthetem az előjegyzést telefonon?
*AYR-vay-nyeh-sheet-heh-tehm awz EH-löh-yehdy-zaysht
TEH-leh-fo-non?*

258. At what time should we be [at the airport]?
Hány órakor kell a [repülőtéren] lennünk?
*hahny OH-raw-kor kehll aw [REH-pü-löh-TAY-rehn]
LEHN-nünk?*

**259. How long does it take to get to the airport from my
hotel?**
Mennyi ideig tart az út a repülőtérre a szállodámtól?
*MEHNY-nyi I-deh-ig tawrt awz ooht aw REH-pü-löh-
TAYR-reh aw SAH-lo-dahm-tohl?*

260. Is there bus service between the airport and the city?
Van autóbuszszolgálat a repülőtér és a város között?
*vawn AWOO-toh-boos-SOL-gah-lawt aw REH-pü-löh-tayr
aysh aw VAH-rosh KÖ-zött?*

261. Is it a [nonstop] [direct] flight?
Ez egy [leszállás nélküli] [közvetlen] járat?
*ehz ehdy [LEH-sah-lahsh NAYL-kü-li] [KÖZ-veht-lehn]
YAH-rawt?*

262. Where does the plane stop en route?
Hol száll le a repülőgép útközben?
hol sahl leh aw REH-pü-löh-gayp OOHT-köz-behn?

263. How long do we stop?
Mennyi időre állunk meg?
MEHNY-nyi I-döh-reh AHL-loonk mehg?

264. May I stop over in [Rome]?
Megállhatok [Rómá]ban?
MEHG-ahl-haw-tok [ROH-mah]-bawn?

265. We want to travel [first class] [economy class].
[Első osztályon] [turistaosztályon] akarunk utazni.
[EHL-shöh OS-tah-yon] [TOO-rish-taw-OS-tah-yon]
AW- kaw-roonk OO-tawz-ni.

266. Is flight 22 [arriving] [departing] on time?
A huszonkettes járat pontosan [érkezik] [indul]?
aw HOO-son-KEHT-tehsh YAH-rawt PON-to-shawn
[AYR-keh-zik] [IN-dool]?

267. How much baggage am I allowed? (LIT.: **What weight parcel (is) carryable without surcharge?)**
Milyen súlyú csomag szállítható felár nélkül?
MI-yehn SHOOH-yooh CHO-mawg SAHL-leet-haw-toh
FEHL-ahr NAYL-kül?

268. How much per kilo for excess?
Kilónként mennyi a többletsúly felára?
KI-lohn-kaynt MEHNY-nyi aw TÖB-bleht-shoohy
FEHL-ah-raw?

269. May I carry this on board the plane with me?
Magammal vihetem ezt a repülőgépbe?
MAW-gawm-mawl VI-heh-tehm ehst aw REH-pü-löh-
GAYB-beh?

270. Give me [a seat on the aisle].
Adjon nekem egy [folyosó ülést].
AWDY-dyon NEH-kehm ehdy [FO-yo-shoh Ü-laysht].

271. —a window seat.
—egy ablakülést.   *—ehdydy AWB-lawk-Ü-laysht.*

272. —a seat by the emergency exit.
—egy ülést a vészkijáratnál.
—ehdydy Ü-laysht aw VAYS-ki-yah-rawt-nahl.

273. May we board the plane now?
Beszállhatunk most a gépbe?
BEH-sahl-haw-toonk mosht aw GAYB-beh?

274. From which gate does my flight leave?
Melyik kijáratnál indul a gépem?
MEH-yik KI-yah-rawt-nahl IN-dool aw GAY-pehm?

275. Call the stewardess.
Hívja a stewardesst.   *HEEV-yaw aw "stewardess"t.*

276. Fasten your safety belt.
Kapcsolja be a biztonsági övét.
KAWP-choy-yaw beh aw BIS-ton-shah-gi Ö-vayt.

277. Do you mind if I smoke?
Megengedi, hogy rágyújtsak?
MEHG-ehn-geh-di, hody RAH-dyoohy-chawk?

278. Will we arrive [on time]?
[Pontosan] érkezünk?   [*PON-to-shawn*] *AYR-keh-zünk?*

279. —late. Későn —.   *KAY-shöhn —.*

280. An announcement.
Bejelentés.   *BEH-yeh-lehn-taysh.*

281. A boarding pass.
Beszálló kártya.   *BEH-sahl-loh KAHR-tyaw.*

282. The limousine. Limuzin.   *LI-moo-zin.*

TRAIN

283. When does the ticket office [open] [close]?
Mikor [nyitják] [zárják] a menetjegyirodát?
*MI-kor [NYITY-tyahk] [ZAHR-yahk] aw
MEH-neht-yehdy-I-ro-daht?*

284. When does the next train [for Siófok] arrive?
Mikor indul a következő vonat [Siófokra]?
*MI-kor IN-dool aw KÖ-veht-keh-zöh VO-nawt
[SHI-oh-fok-raw]?*

285. Is there [an earlier train]?
Van [korábbi vonat]? *vawn [KO-rahb-bi VO-nawt]?*

286. —a later train.
—későbbi vonat. *—KAY-shöhb-bi VO-nawt.*

287. —an express train.
—gyorsvonat. *—DYORSH-vo-nawt.*

288. —a local (LIT.: district railway).
—helyiérdekű vasút (ABBREVIATED HÉV).
—HEH-yi-AYR-deh-küh VAWSH-oot (hayv).

289. From which track (OR: platform) does the train leave?
Melyik vágányról indul a vonat?
MEH-yik VAH-gahny-rohl IN-dool aw VO-nawt?

290. Where can I get a timetable?
Hol kaphatok egy menetrendet?
hol KAWP-haw-tok ehdy MEH-neht-rehn-deht?

291. Does this train stop at [Győr]?
Megáll ez a vonat [Győr]ben?
MEHG-ahll ehz aw VO-nawt [DYÖHR]-behn?

292. Is there time to get off?
Van időm, hogy kiszálljak?
vawn I-döhm, hody KI-sahy-yawk?

293. When do we arrive?
Mikor érkezünk meg? *MI-kor AYR-keh-zünk mehg?*

294. Is this seat taken?
Foglalt ez az ülőhely? *FOG-lawlt ehz awz Ü-löh-hehy?*

295. Am I disturbing you? Zavarok? *ZAW-vaw-rok?*

296. Open the window.
Nyissa ki az ablakot.
NYISH-shaw ki awz AWB-law-kot.

297. Close the door.
Csukja be az ajtót. *CHOOK-yaw beh awz AWY-toht.*

298. Where are we now?
Hol vagyunk most? *hol VAW-dyoonk mosht?*

299. Is the train arriving on time?
Pontosan érkezik a vonat?
PON-to-shawn AYR-keh-zik aw VO-nawt?

300. How late are we?
Mennyi késésünk van?
MEHNY-nyi KAY-shay-shünk vawn?

301. The conductor. A kalauz. *aw KAW-law-ooz.*

302. The gate. A kijárat. *aw KI-yah-rawt.*

303. The information office (OR: **booth**).
Az információs iroda.
awz IN-for-mah-tsi-ohsh I-ro-daw.

304. A one-way ticket
Egyszeri utazásra szóló jegy.
EHT-tseh-ri OO-taw-zahsh-raw SOH-loh yehdy.

305. A round-trip ticket.
Menettérti jegy. *MEH-neht-TAYR-ti yehdy.*

306. A platform ticket. Peronjegy. *PEH-ron-yehdy.*

307. The railroad station.
A pályaudvar (OR: a vasútállomás).
aw PAH-yaw-OOD-vawr (OR: *aw VAWSH-ooht-AHL-lo-mahsh*).

308. The waiting room.
A váróterem. *aw VAH-roh-TEH-rehm.*

309. The sleeping car.
A hálókocsi. *aw HAH-loh-KO-chi.*

310. A sleeping compartment (OR: roomette).
Hálófülke. *HAH-loh-FÜL-keh.*

311. The smoking section.
A dohányzó szakasz. *aw DO-hahny-zoh SAW-kaws.*

312. The dining car.
Az étkezőkocsi. *awz AYT-keh-zöh-KO-chi.*

BUS, SUBWAY, STREETCAR

313. Where does [the streetcar] stop?
Hol áll meg [a villamos]?
hol ahl mehg [aw VIL-law-mosh]?

314. How often does [the bus] run?
Milyen gyakran jön [a busz]?
MI-yehn DYAWK-rawn yön [aw boos]?

315. [Which bus] goes to [Esztergom]?
[Melyik autóbusz] megy [Esztergom]ba?
[MEH-yik AWOO-toh-boos] mehdy [EHS-tehr-gom]-baw?

316. How much does a ticket cost?
Mennyibe kerül a jegy?
MEHNY-nyi-beh KEH-rül aw yehdy?

317. Does this go toward [Rákóczi Street]?

Megy ez [a Rákóczi út] felé?

mehdy ehz [aw RAH-koh-tsi ooht] FEH-lay?

318. I want to get off [at the next stop].

[A következő megállónál] szeretnék leszállni.

[aw KÖ-veht-keh-zöh MEHG-ahl-loh-nahl] SEH-reht-nayk LEH-sahl-ni.

319. —right here.   Itt —.   *itt —.*

320. Please tell me where to get off.

Kérem, mondja meg, hol szálljak le.

KAY-rehm, MON-dyaw mehg, hol SAHY-yawk leh?

321. Will I have to change?

Át kell szállnom?   *aht kehl SAHL-nom?*

322. Where do we transfer?

Hol kell átszállnunk?   *hol kehll AHT-sahl-noonk?*

323. The driver.   A vezető.   *aw VEH-zeh-töh.*

324. The transfer.

Az átszállójegy.   *awz AHT-sahl-loh-yehdy.*

325. The bus stop.

A(z) (autó)buszmegálló.

aw(z) (AWOO-toh)-boos-MEHG-ahl-loh.

326. Where is the subway?

Hol van a földalatti?   *hol vawn aw FÖLD-aw-lawt-ti?*

TAXI

327. Call a taxi for me, please.

Hívjon nekem, kérem, egy taxit.

HEEV-yon NEH-kehm, KAY-rehm, ehdy TAWK-sit.

328. Is this taxi free?

Szabad ez a taxi?   *SAW-bawd ehz aw TAWK-si?*

329. How much does it cost [per hour]?
Mennyibe kerül [óránként]?
MEHNY-nyi-beh KEH-rül [OH-rahn-kaynt]?

330. —per kilometer.
—kilométerenként. *—KI-lo-MAY-teh-rehn-kaynt.*

331. —per day. —naponként. *—NAW-pon-kaynt.*

332. Take me to this address.
Vigyen el erre a címre.
VI-dyehn ehl EHR-reh aw TSEEM-reh.

333. How long will it take to get there?
Mennyi ideig tart az út?
MEHNY-nyi I-deh-ig tawrt awz ooht?

334. Drive us around [for one hour].
Hajtson körül bennünket [egy óra hosszat].
*HAWY-chon KÖ-rül BEHN-nün-keht [ehdydy OH-raw
HOS-sawt].*

335. Drive more carefully.
Hajtson óvatosabban.
HAWY-chon OH-vaw-to-shawb-bawn.

336. Drive more slowly.
Hajtson lassabban. *HAWY-chon LAWSH-shawb-bawn.*

337. I am in a great hurry.
Nagyon sietek. *NAW-dyon SHI-eh-tehk.*

338. I am not in a great hurry.
Nem sietek nagyon. *nehm SHI-eh-tehk NAW-dyon.*

339. Stop here. Álljon meg itt. *AHY-yon mehg itt.*

340. Wait for me here.
Várjon rám itt. *VAHR-yon rahm itt.*

341. I will return in [five minutes].
[Öt percen] belül visszajövök.
[öt PEHR-tsehn] BEH-lül VIS-saw-YÖ-vök.

342. Keep the change.
Tartsa meg a különbséget.
TAWR-chaw mehg aw KÜ-lömp-shay-geht.

343. The taxi stand.
A taxiállomás.   *aw TAWK-si-AHL-lo-mahsh.*

344. The taxi meter.
A taxaméter.   *aw TAWK-saw-MAY-tehr.*

RENTING AUTOS
(AND OTHER VEHICLES)

345. What kind [of cars] do you have?
Milyen [kocsi]jaik vannak?
MI-yehn [KO-chi]-yaw-ik VAWN-nawk?

346. I have an international driver's licence.
Nemzetközi vezetői engedélyem van.
*NEHM-zeht-kö-zi VEH-zeh-töh-i EHN-geh-day-yehm
vawn.*

347. How much additional [per kilometer]?
Mennyi ezen felül [kilométerenként]?
*MEHNY-nyi EH-zehn FEH-lül [KI-lo-MAY-teh-
rehn-kaynt]?*

348. Are gas and oil also included?
Ebben a benzin és az olaj ára is benne van?
*EHB-behn aw BEHN-zin aysh awz O-lawy AH-raw ish
BEHN-neh vawn?*

349. Does the insurance policy cover [personal liability]?
Fedezetet nyújt a biztosítási forma [a kárért való
személyi felelősségre]?
*FEH-deh-zeh-teht nyoohyt aw BIS-to-shee-tah-shi
FOR-maw [aw KAH-rayrt VAW-loh SEH-may-yi
FEH-leh-löhsh-shayg-reh]?*

350. —property damage.

—más tulajdonában okozott anyagi kárra.

—*mahsh TOO-lawy-do-nah-bawn O-ko-zott AW-nyaw-gi KAHR-raw.*

351. —collision.

—gépjármű-felelősségbiztosításra.

—*GAYP-yahr-müh-FEH-leh-löhsh-shayg-BIS-to-shee-tahsh-raw.*

352. Are the papers in order?

A papírok rendben vannak?

aw PAW-pee-rok REHND-behn VAWN-nawk?

353. I am not familiar with this car.

Nem ismerem ezt a kocsit.

nehm ISH-meh-rehm ehst aw KO-chit.

354. Explain [this dial].

Magyarázza meg [ezt a mutatót].

MAW-dyaw-rahz-zaw mehg [ehst aw MOO-taw-toht].

355. —this mechanism.

—ezt a mechanizmust.   —*ehst aw MEH-hyaw-niz-moosht.*

356. Show me how [the heater] operates.

Mutassa meg, hogyan működik [a fűtés].

MOO-tawsh-shaw mehg, HO-dyawn MÜH-kö-dĭk [aw FÜH-taysh].

357. Will someone pick it up at the hotel?

Érte fog valaki jönni a szállodába?

AYR-teh fog VAW-law-ki YÖN-ni aw SAHL-lo-dah-baw?

358. Is the office open all night?

Az iroda egész éjjel nyitva van?

awz I-ro-daw EH-gays AY-yehl NYIT-vaw vawn?

359. The bicycle.

A kerékpár (OR: bicikli).

aw KEH-rayk-pahr (OR: BI-tsik-li).

360. The motorcycle.
A motorkerékpár. *aw MO-tor-KEH-rayk-pahr.*

361. The motor scooter. A robogó. *aw RO-bo-goh.*

362. The horse and wagon.
A lovaskocsi. *aw LO-vawsh-KO-chi.*

AUTO: DIRECTIONS

363. What is [this city] called?
Hogy hívják [ezt a várost]?
hody HEEV-yahk [ehst aw VAH-rosht]?

364. How far [to the next town]?
Milyen messze van [a legközelebbi város]?
MI-yehn MEHS-seh vawn [aw LEHK-kö-zeh-lehb-bi VAH-rosh]?

365. Where does [this road] lead?
Hova vezet [ez az út]? *HO-vaw VEH-zeht [ehz awz ooht]?*

366. Are there road signs?
Vannak útjelzőtáblák?
VAWN-nawk ooht-yehl-zöh-TAHB-lahk?

367. Is the road paved?
Az út kövezve van? *awz ooht KÖ-vehz-veh.vawn?*

368. Is the road rough? Rossz az út? *ross awz ooht?*

369. Show me the easiest way.
Mutassa meg a legegyszerűbb útat.
MOO-tawsh-shaw mehg aw LEHG-eht-tseh-rühbb OOH-tawt.

370. Show it to me on this road map.
Mutassa meg nekem ezen az autótérképen.
MOO-tawsh-shaw mehg NEH-kehm EH-zehn awz AWOO-toh-TAYR-kay-pehn.

371. Can I avoid heavy traffic?
El tudom kerülni az erős forgalmat?
ehl TOO-dom KEH-rül-ni awz EH-röhsh FOR-gawl-mawt?

372. May I park here [for a while]?
Parkolhatok itt [egy darabig]?
PAWR-kol-haw-tok itt [ehdy DAW-raw-big]?

373. —overnight. —éjszakára. —*AYY-saw-kah-raw.*

374. The approach. A bekötő út. *aw BEH-kö-töh ooht.*

375. The expressway.
Az autópálya. *awz AWOO-toh-PAH-yaw.*

376. The fork. Az elágazás. *awz EHL-ah-gaw-zahsh.*

377. The intersection.
Az útkereszteződés. *awz OOHT-keh-rehs-teh-zöh-daysh.*

378. The major road.
A főútvonal. *aw FÖH-ooht-VO-nawl.*

379. The garage. A garázs. *aw GAW-rahzh.*

380. The auto repair shop.
A javítóműhely. *aw YAW-vee-toh-MÜH-hehy.*

381. The gas station.
A benzinkút. *aw BEHN-zin-kooht.*

382. The parking lot.
A parkolóhely. *aw PAWR-ko-loh-hehy.*

383. The traffic circle.
A körforgalom. *aw KÖR-for-gaw-lom.*

384. The traffic light.
A forgalmi jelzőlámpa.
aw FOR-gawl-mi YEHL-zöh-LAHM-paw.

385. The stop sign. A stoptábla. *aw SHTOP-tahb-law.*

AUTO: HELP ON THE ROAD

386. My car has broken down.
Defektet kapott a kocsim.
DEH-fehk-teht KAW-pott aw KO-chim.

387. Call a mechanic.
Hívjon autószerelőt.
HEEV-yon AWOO-toh-SEH-reh-löht.

388. Help me push [the car] to the side of the road.
Segítsen [a kocsit] az út mellé tolni.
*SHEH-gee-chehn [aw KO-chit] awz ooht MEHL-lay
TOL-ni.*

389. Push my car.
Tolja meg a kocsimat.
TOY-yaw mehg aw KO-chi-mawt.

390. May I borrow [a jack]?
Kölcsönkérhetnék [egy kocsiemelőt]?
KÖL-chön-KAYR-heht-nayk [ehdy KO-chi-EH-meh-löht]?

391. Change the tire.
Cserélje meg a gumit.
CHEH-ray-yeh mehg aw GOO-mit.

392. My car is stuck [in the mud] [in the ditch].
A kocsim megakadt [a sárban] [az árokban].
*aw KO-chim MEHG-aw-kawtt [aw SHAHR-bawn]
[awz AH-rok-bawn].*

393. Drive me to the nearest gas station.
Vigyen el a legközelebbi benzinkúthoz.
*VI-dyehn ehl aw LEHK-kö-zeh-lehb-bi BEHN-zin-
KOOHT-hoz.*

AUTO: GAS STATION AND AUTO REPAIR SHOP

394. Give me twenty liters of [regular gasoline] [premium gasoline] [diesel fuel].

Adjon húsz liter [normálbenzint] [szuperbenzint] [Diesel-olajat].

AWDY-dyon hoohs LI-tehr [NOR-mahl-BEHN-zint] [SOO-pehr-BEHN-zint] [DEE-zehl-O-law-yawt].

395. Fill it up.

Tankolja tele. *TAWN-koy-yaw TEH-leh.*

396. Check my oil.

Nézze meg az olajamat.

NAYZ-zeh mehg awz O-law-yaw-mawt.

397. Lubricate the car.

Olajozza meg a kocsit. *O-law-yoz-zaw mehg aw KO-chit.*

398. [Light] [medium] [heavy] oil.

[Könnyű] [normál] [nehéz] olaj.

[KÖNY-nyüh] [NOR-mahl] [NEH-hayz] O-lawy.

399. Put water in the radiator.

Öntsön vizet a hűtőbe.

ÖN-chön VI-zeht aw HÜH-töh-beh.

400. Recharge the battery.

Töltse fel az akkút. *TÖL-cheh fehl awz AWK-kooht.*

401. Wash the windshield.

Mossa le a szélvédőüveget.

MOSH-shaw leh aw SAYL-vay-döh-Ü-veh-geht.

402. Adjust the brakes.

Igazítsa meg a fékeket.

I-gaw-zee-chaw mehg aw FAY-keh-keht.

403. Check the tire pressure.
Nézze meg a levegőnyomást.
NAYZ-zeh mehg aw LEH-veh-göh-NYO-mahsht.

404. Repair the flat tire.
Javítsa meg a gumidefektet.
YAW-vee-chaw mehg aw GOO-mi-DEH-fehk-teht.

405. Could you wash it [now]?
Meg tudná mosni [most]?
mehg TOOD-nah MOSH-ni [mosht]?

406. How long must we wait?
Meddig kell várnunk?   *MEHD-dig kehl VAHR-noonk?*

407. The motor overheats.
A motor túlmelegszik.   *aw MO-tor TOOHL-meh-lehk-sik.*

408. Is there a leak?
Szivárog valahol?   *SI-vah-rog VAW-law-hol?*

409. It makes noise.   Kattog.   *KAWT-tog.*

410. The lights do not work.
A lámpák nem működnek.
aw LAHM-pahk nehm MÜH-köd-nehk.

411. The car does not start.
A motor nem gyullad be.
aw MO-tor nehm DYOOL-lawd beh.

PARTS OF THE CAR
(AND AUTO EQUIPMENT)

412. Accelerator.   Gázpedál.   *GAHS-peh-dahl.*

413. Air filter.   Légszűrő.   *LAYK-süh-röh.*

414. Alcohol.   Alkohol.   *AWL-ko-hol.*

415. Antifreeze.   Fagyálló.   *FAWDY-ahl-loh.*

416. Axle. Tengely. *TEHN-gehy.*

417. Battery. Akkumulátor. *AWK-koo-moo-lah-tor.*

418. Bolt. Csavar. *CHAW-vawr.*

419. Emergency brake. Vészfék. *VAYS-fayk.*

420. Foot brake. Lábfék. *LAHP-fayk.*

421. Hand brake. Kézifék. *KAY-zi-fayk.*

422. Bumper. Lökhárító. *LÖK-hah-ree-toh.*

423. Carburetor. Porlasztó. *POR-laws-toh.*

424. Chassis. Alváz. *AWL-vahz.*

425. Choke (automatic).
(Automatikus) fullasztó.
(*AWOO-to-maw-ti-koosh*) *FOOL-laws-toh.*

426. Clutch. Kuplung. *KOOP-loong.*

427. Cylinder. Henger. *HEHN-gehr.*

428. Differential. Differenciál. *DIF-feh-rehn-tsi-ahl.*

429. Directional signal.
Irányjelző. *I-rahny-NYEHL-zöh.*

430. Door. Ajtó. *AWY-toh.*

431. Electrical system.
Elektromos berendezés.
EH-lehkt-ro-mosh BEH-rehn-deh-zaysh.

432. Engine (OR: **Motor**). Motor. *MO-tor.*

433. Exhaust pipe. Kipufogócső. *KI-poo-fo-goh-chöh.*

434. Exterior. Külső. *KÜL-shöh.*

435. Fan. Ventillátor. *VEHN-til-lah-tor.*

436. Fan belt. Ékszij. *AYK-seey.*

437. Fender. Sárhányó. *SHAHR-hah-nyoh.*

438. Flashlight. Zseblámpa. *ZHEHB-lahm-paw.*

439. Fuel pump.
Benzinszivattyú.   *BEHN-zin-SI-vawty-tyooh.*

440. Fuse.   Biztosíték.   *BIS-to-shee-tayk.*

441. Gas tank.   Benzintartály.   *BEHN-zin-TAWR-tahy.*

442. Gear shift.
Sebességváltókar.   *SHEH-behsh-shayg-VAHL-toh-kawr.*

443. First gear.
Első sebesség.   *EHL-shöh SHEH-behsh-shayg.*

444. Second gear.
Második sebesség.   *MAH-sho-dik SHEH-behsh-shayg.*

445. Third gear.
Harmadik sebesség.
HAWR-maw-dik SHEH-behsh-shayg.

446. Fourth gear.
Negyedik sebesség.   *NEH-dyeh-dik SHEH-behsh-shayg.*

447. Reverse gear.
Hátramenet.   *HAHT-raw-MEH-neht.*

448. Neutral gear.   Üresjárat.   *Ü-rehsh-YAH-rawt.*

449. Generator.
Gázgenerátor.   *GAHZ-geh-neh-rah-tor.*

450. Grease.   Kenőolaj.   *KEH-nöh-O-lawy.*

451. Hammer.   Kalapács.   *KAW-law-pahch.*

452. Heater.   Fűtés.   *FÜH-taysh.*

453. Hood.   Motorháztető.   *MO-tor-hahs-TEH-töh.*

454. Horn.   Duda.   *DOO-daw.*

455. Horsepower.   Lóerő.   *LOH-eh-röh.*

456. Ignition key.
Gyújtáskulcs.   *DYOOHY-tahsh-koolch.*

457. Inner tube. Tömlő. *TÖM-löh.*

458. Instrument panel.
Műszertábla. *MÜH-sehr-TAHB-law.*

459. License plate.
Rendszámtábla. *REHNT-tsahm-TAHB-law.*

460. Light. Lámpa. *LAHM-paw.*

461. Headlight. Fényszóró. *FAYNY-soh-roh.*

462. Parking light.
Parkolólámpa. *PAWR-ko-loh-LAHM-paw.*

463. Brake light. Féklámpa. *FAYK-lahm-paw.*

464. Taillight.
Hátsó lámpa. *HAHT-shoh LAHM-paw.*

465. Rear-view mirror.
Visszapillantó tükör. *VIS-saw-PIL-lawn-toh TÜ-kör.*

466. Side-view mirror. Oldaltükör. *OL-dawl-TÜ-kör.*

467. Muffler. Kipufogócső. *KI-poo-fo-goh-chöh.*

468. Nail. Szög. *sög.*

469. Nut. Csavaranya. *CHAW-vawr-AW-nyaw.*

470. Pedal. Pedál. *PEH-dahl.*

471. Pliers. Fogó. *FO-goh.*

472. Radiator. Hűtő. *HÜH-töh.*

473. Radio. Rádió. *RAH-di-oh.*

474. Rags. Rongyok. *RON-dyok.*

475. Rope. Kötél. *KÖ-tayl.*

476. Screw. Csavar. *CHAW-vawr.*

477. Screwdriver.
Csavarhúzó. *CHAW-vawr-HOOH-zoh.*

478. Automatic shift.
Automata sebességváltó.
AWOO-to-maw-taw SHEH-behsh-shayg-VAHL-toh.

479. Hand shift.
Kézi sebességváltó.
KAY-zi SHEH-behsh-shayg-VAHL-toh.

480. Shock absorber.
Lengéscsillapító. *LEHN-gaysh-CHIL-law-pee-toh.*

481. Skid chains. Hólánc. *HOH-lahnts.*

482. Snow tires. Téli gumi. *TAY-li GOO-mi.*

483. Spark plugs.
Gyújtógyertya. *DYOOHY-toh-DYEHR-tyaw.*

484. Speedometer.
Sebességmérő. *SHEH-behsh-shayg-MAY-röh.*

485. Starter. Indítómotor. *IN-dee-toh-MO-tor.*

486. Steering wheel.
Kormánykerék. *KOR-mahny-KEH-rayk.*

487. Tire. Gumi. *GOO-mi.*

488. Spare tire. Pótkerék. *POHT-KEH-rayk.*

489. Tubeless tire.
Tömlő nélküli gumi. *TÖM-löh NAYL-kü-li GOO-mi.*

490. Tire pump. Pumpa. *POOM-paw.*

491. Tools. Szerszámok. *SEHR-sah-mok.*

492. Automatic transmission.
Automata sebességváltó szerkezet.
*AWOO-to-maw-taw SHEH-behsh-shayg-VAHL-toh
SEHR-keh-zeht.*

493. Standard (manual) transmission.
Kézi sebességváltó szerkezet.
KAY-zi SHEH-behsh-shayg-VAHL-toh SEHR-keh-zeht.

494. Trunk. Csomagtartó. *CHO-mawg-TAWR-toh.*

495. Valve. Szelep. *SEH-lehp.*

496. Water-cooling system. Vízhűtéses rendszer.
VEES-HÜH-tay-shehsh REHNT-tsehr.

497. Front wheel. Első kerék. *EHL-shöh KEH-rayk.*

498. Rear wheel.
Hátsó kerék. *HAHT-shoh KEH-rayk.*

499. Windshield wiper.
Ablaktörlő. *AWB-lawk-TÖR-löh.*

500. Wrench. Csavarkulcs. *CHAW-vawr-koolch.*

MAIL

501. Where is [the post office]?
Hol van [a postahivatal]?
hol vawn [aw POSH-taw-HI-vaw-tawl]?

502. —a mailbox.
—egy postaláda. *—ehdy POSH-taw-LAH-daw.*

503. To which window should I go?
Melyik ablakhoz menjek?
MEH-yik AWB-lawk-hoz MEHNY-nyehk?

504. I want to send this [by surface mail] [by airmail].
Ezt [rendes postával] [légipostával] akarom elküldeni.
ehst [REHN-dehsh POSH-tah-vawl] [LAY-gi-POSH-
tah-vawl] AW-kaw-rom EHL-kül-deh-ni.

505. I want to send this by [special delivery] [parcel post].
Ezt [expressz] [csomagpostával] akarom küldeni.
ehst [EHKS-prehss] [CHO-mawg-POSH-tah-vawl]
AW-kaw-rom KÜL-deh-ni.

506. I want to send this by registered mail, reply requested.

Ezt ajánlva akarom küldeni, térti vevénnyel.

ehst AW-yahl-vaw AW-kaw-rom KÜL-deh-ni, TAYR-ti VEH-vayny-nyehl.

507. How much postage do I need [for this postcard]?

Mennyi bélyeg kell [erre a levelezőlapra]?

MEHNY-nyi BAY-yehg kehll [EHR-reh aw LEH-veh-leh-zöh-LAWP-raw]?

508. This package contains printed matter.

Ebben a csomagban nyomtatvány van.

EHB-behn aw CHO-mawg-bawn NYOM-tawt-vahny vawn.

509. This package contains fragile material.

Ebben a csomagban törékeny dolgok vannak.

EHB-behn aw CHO-mawg-bawn TÖ-ray-kehny DOL-gok VAWN-nawk.

510. I want to insure this for [200 forints].

[Kétszáz forint]ra akarom biztosítani.

[KAYT-sahz FO-rint]-raw AW-kaw-rom BIS-to-shee-taw-ni.

511. Will it go out [today]?

Elmegy még ma? *EHL-mehdy mayg maw?*

512. Give me ten [5 forint] and ten [40 fillér] stamps.

Adjon tíz [öt forintos] és tíz [negyven filléres] bélyeget.

AWDY-dyon teez [öt FO-rin-tosh] aysh teez [NEHDY-vehn FIL-lay-rehsh] BAY-yeh-geht.

513. Where can I get a money order?

Hol kaphatok egy pénzesutalványt?

hol KAWP-haw-tok ehdy PAYN-zehsh-OO-tawl-vahnyt?

514. Please forward my mail to [Szeged].

Kérem, küldjék utánam a postámat [Szeged]re.

KAY-rehm, KÜL-dyayk OO-tah-nawm aw POSH-tah-mawt [SEH-gehd]-reh.

515. The American Express office will hold my mail.
Az "American Express" iroda el fogja tenni a postámat.
awz "American Express" I-ro-daw ehl FOG-yaw
  TEHN-ni aw POSH-tah-mawt.

TELEGRAM

516. I would like to send [a telegram].
[Táviratot] szeretnék feladni.
[TAHV-i-raw-tot] SEH-reht-nayk FEHL-awd-ni.

517. —a night letter.
Levéltáviratot —.   *LEH-vayl-TAHV-i-raw-tot —.*

518. —a cablegram.
Kábeltáviratot —.   *KAH-behl-TAHV-i-raw-tot —.*

519. What is the rate per word?
Mennyibe kerül szavanként?
MEHNY-nyi-beh KEH-rül SAW-vawn-kaynt?

520. What is the minimum charge?
Mennyi a minimum?   *MEHNY-nyi aw MI-ni-moom?*

521. When will an ordinary telegram reach [Vienna]?
Mikor érkezik egy rendes távirat [Bécs]be?
MI-kor AYR-keh-zik ehdy REHN-dehsh TAHV-i-rawt
  [bayj]-beh?

TELEPHONE

522. May I use the telephone?
Használhatom a telefont?
HAWS-nahl-haw-tom aw TEH-leh-font?

523. Will you dial this number for me?
Feltárcsázná nekem ezt a számot?
FEHL-tahr-chahz-nah NEH-kehm ehst aw SAH-mot?

524. Operator, get me this number.
Központ, kérem ezt a számot.
KÖS-pont, KAY-rehm ehst aw SAH-mot.

525. Call me at this number.
Hívjon fel ezen a számon.
HEEV-yon fehl EH-zehn aw SAH-mon.

526. My telephone number is [183–704].
A telefonszámom száznyolcvanhárom-hétszáznégy.
*aw TEH-leh-fon-SAH-mom SAHZ-NYOLTS-vawn-
HAH-rom-HAYT-sahz-NAYDY.*

527. How much is a long-distance call [to Paris]?
Mennyibe kerül egy távolsági beszélgetés [Párizzsal]?
*MEHNY-nyi-beh KEH-rül ehdy TAH-vol-shah-gi
BEH-sayl-geh-taysh [Pah-rizh-zhawl]?*

528. What is the charge for the first three minutes?
Mennyibe kerül az első három perc?
*MEHNY-nyi-beh KEH-rül awz EHL-shöh HAH-rom
pehrts?*

529. I want to reverse the charges.
Egy "R"-beszélgetést akarok. (OR: A hívott fél költségére
kérek beszélgetést.)
*ehdy EHR-BEH-sayl-geh-taysht AW-kaw-rok.
(OR: aw HEE-vott FAYL KÖL-chay-gay-reh
KAY-rehk BEH-sayl-geh-taysht.)*

530. They do not answer.
Nem veszik fel a kagylót.
nehm VEH-sik fehl aw KAWDY-loht.

531. The line is busy.
A vonal foglalt. *aw VO-nawl FOG-lawlt.*

532. Hello (on the telephone). Halló! *HAWL-loh!*

533. You have given me the wrong number.
Rossz számot adott nekem.
ross SAH-mot AW-dot NEH-kem.

534. This is [Pál] speaking.
Itt [Pál] beszél. *it [pahl] BEH-sayl.*

535. With whom do you want to speak?
Kivel akar beszélni? *KI-vehl AW-kawr BEH-sayl-ni?*

536. Hold the line.
Tartsa a vonalat. *TAWR-chaw aw VO-naw-lawt.*

537. Dial again.
Tárcsázzon még egyszer.
TAHR-chahz-zon mayg EHT-tsehr.

538. I cannot hear you.
Nem hallom magát. *nehm HAWL-lom MAW-gaht.*

539. The connection is poor.
Rossz az összeköttetés. *ross awz ÖS-seh-KÖT-teh-taysh.*

540. Speak louder.
Beszéljen hangosabban.
BEH-say-yehn HAWN-go-shawb-bawn.

541. Call him/her to the phone.
Hívja a telefonhoz. *HEEV-yaw aw TEH-leh-fon-hoz.*

542. He/She is not here. Nincs itt. *ninch itt.*

543. There is a telephone call for you.
Telefonhívás a maga számára.
TEH-leh-fon-HEE-vahsh aw MAW-gaw SAH-mah-raw.

544. May I leave a message?
Hagyhatnék üzenetet?
HAWTY-hawt-nayk Ü-zeh-neh-teht?

545. Call me back as soon as possible.
Hívjon vissza, amilyen hamar csak lehet.
*HEEV-yon VIS-saw, AW-mi-yehn HAW-mar
chawk LEH-heht.*

546. I will call back later.
Később visszatelefonálok.
KAY-shöhb VIS-saw-TEH-leh-fo-nah-lok.

547. I will wait for your call until [six] o'clock.
[Hat] óráig várni fogok, hogy felhívjon.
[hawt] OH-rah-ig VAHR-ni FO-gok, hody FEHL-heev-yon.

HOTEL

548. I am looking for [a good hotel].
[Egy jó szállodát] keresek.
[ehdy yoh SAHL-lo-daht] KEH-reh-shehk.

549. I am looking for the best hotel.
A legjobb szállodát keresem.
aw LEHG-yob SAHL-lo-daht KEH-reh-shehm.

550. —an inexpensive hotel.
Egy olcsó szállodát —. *ehdy OL-choh SAHL-lo-daht —.*

551. —a boarding house (OR: pension).
Egy penziót —. *ehdy PEHN-zi-oht —.*

552. I want to be in the center of town.
A város közepében akarok lenni.
aw VAH-rosh KÖ-zeh-pay-behn AW-kaw-rok LEHN-ni.

553. I want a quiet location.
Csendes helyet akarok.
CHEHN-dehsh HEH-yeht AW-kaw-rok.

554. I prefer to be close to [the university].
[Az egyetem] közelében szeretnék lenni.
[*awz EHDY-dyeh-tehm*] *KÖ-zehl-ay-behn SEH-reht-nayk LEHN-ni.*

555. I have a reservation for tonight.
Szobafoglalásom van ma estére.
SO-baw-FOG-law-lah-shom vawn maw EHSH-tay-reh.

556. Where is the registration desk?
Hol a bejelentés? *hol aw BEH-yeh-lehn-taysh?*

557. Fill out this registration form.
Töltse ki ezt a kérdőívet.
TÖL-cheh ki ehst aw KAYR-döh-EE-veht.

558. Sign here, please.
Írja itt alá, kérem. *EER-yaw itt AW-lah, KAY-rehm.*

559. Leave your passport.
Hagyja itt az útlevelét.
HAWDY-dyaw itt awz OOHT-LEH-veh-layt.

560. You may pick it up later.
Később értejöhet. *KAY-shöhbb AYR-teh-yö-heht.*

561. Do you have [a single room]?
Van [egy egyágyas szobájuk]?
vawn [ehdydy EHDYDY-AH-dyawsh SO-bah-yook]?

562. —a double room.
—egy kétágyas szobájuk.
—ehdy KAYT-AH-dyawsh SO-bah-yook.

563. —an air conditioned room.
—egy szobájuk léghűtéssel.
—ehdy SO-bah-yook LAYK-hüh-taysh-shehl.

564. —a suite.
—egy lakosztályuk. *—ehdy LAWK-OS-tah-yook.*

565. —a quiet room.
—egy csendes szobájuk.
—*ehdy CHEHN-dehsh SO-bah-yook.*

566. —an inside room.
—udvari szobájuk. —*OOD-vaw-ri SO-bah-yook.*

567. —an outside room.
—utcai szobájuk. —*OOTS-tsaw-i SO-bah-yook.*

568. —a room with a pretty view.
—egy szobájuk szép kilátással.
—*ehdy SO-bah-yook sayp KI-lah-tahsh-shawl.*

569. I want a room [with a double bed].
Szeretnék egy szobát [duplaággyal].
SEH-reht-nayk ehdy SO-baht [DOOP-law-AHDY-dyawl].

570. —with twin beds.
—két külön ággyal. —*KAYT KÜ-lön AHDY-dyawl.*

571. —with a bath.
—fürdőszobával. —*FÜR-döh-SO-bah-vawl.*

572. —with a shower.
—zuhannyal. —*ZOO-hawny-nyawl.*

573. —with running water.
—folyó vizzel. —*FO-yoh VEEZ-zehl.*

574. —with hot water.
—meleg vízzel. —*MEH-lehg VEEZ-zehl.*

575. —with a balcony. —erkélyel. —*EHR-kay-yehl.*

576. —with television.
—televízióval. —*TEH-leh-vee-zi-oh-vawl.*

577. I shall take a room [for one night].
[Egy éjszakára] akarok megszállni.
[ehdydy AYY-saw-kah-raw] AW-kaw-rok MEHG-sahl-ni.

578. —for several days.
Több napra —. *töb NAWP-raw —.*

579. —for a week or so.
Körülbelül egy hétre —.
KÖ-rül-BEH-lül ehdy HAYT-reh —.

580. Can I have it [with meals]?
Lehetne [teljes ellátással]?
LEH-heht-neh [TEHY-yehsh EHL-lah-tahsh-shawl]?

581. —without meals.
—ellátás nélkül. —*EHL-lah-tahsh NAYL-kül.*

582. —with breakfast only.
—csak reggelivel. —*chawk REHG-geh-li-vehl.*

583. What is the rate [per day]?
Mi az ára [egy napra]?
mi awz AH-raw [ehdy NAWP-raw]?

584. —per week. —egy hétre. —*ehdy HAYT-reh.*

585. —per. month.
—egy hónapra. —*ehdy HOH-nawp-raw.*

586. Are tax and service included?
Ebben az adó és a kiszolgálás benne van?
EHB-behn awz AW-doh aysh aw KI-sol-gah-lahsh BEHN-neh vawn?

587. I should like to see the room.
Szeretném látni a szobát.
SEH-reht-naym LAHT-ni aw SO-baht.

588. Have you something [better]?
Nincs valami [jobb]? *ninch VAW-law-mi [yobb]?*

589. —cheaper. —olcsóbb. —*OL-chohbb.*

590. —larger. —nagyobb. —*NAW-dyobb.*

591. —smaller. —kisebb. —*KI-shehbb.*

592. —on a [lower] [higher] floor.
—[egy alsóbb] [egy felsőbb] emeleten.
—*[ehdydy AWL-shobb] [ehdy FEHL-shöhbb]*
EH-meh-leh-tehn.

593. —with more light.
—világosabb. —*VI-lah-go-shawbb.*

594. —with more air.
—levegősebb. —*LEH-veh-göh-shehbb.*

595. —more attractively furnished.
—szebben bútorozott. —*SEHB-behn BOOH-to-ro-zott.*

596. —with a view [of the river] [of the lake].
—kilátással [a folyóra] [a tóra].
—*KI-lah-tahsh-shawl [aw FO-yoh-raw] [aw TOH-raw].*

597. It's too noisy. Túl lármás. *toohl LAHR-mahsh.*

598. This is satisfactory. Ez jó lesz. *ehz yoh lehs.*

599. Is there [an elevator]?
Van itt [lift]? *vawn it [lift]?*

600. Upstairs. Fenn (OR: Fent). *fehnn (OR: fehnt).*

601. Downstairs. Lenn (OR: Lent). *lehnn (OR: lehnt).*

602. What is my room number?
Mi a szobaszámom? *mi aw SO-baw-SAH-mom?*

603. Give me my room key.
Kérem a szobám kulcsát.
KAY-rehm aw SO-bahm KOOL-chaht.

604. Bring my luggage upstairs.
Hozza fel a csomagjaimat.
HOZ-zaw fehl aw CHO-mawg-yaw-i-mawt.

605. Tell the chambermaid to get my room ready.
Mondja meg a szobalánynak, hogy tegye rendbe a szobámat.
MONDY-dyaw mehg aw SO-baw-LAHNY-nawk, hody TEH-dyeh REHND-beh aw SO-bah-mawt.

606. Wake me [at eight in the morning].
Keltsen fel [reggel nyolckor].
KEHL-chehn fehl [REHG-gehl NYOLTS-kor].

607. Do not disturb me until then.
Addig ne zavarjon. *AWD-dig neh ZAW-vawr-yon.*

608. I want [breakfast] in my room.
A szobámban akarok [reggelizni].
aw SO-bahm-bawn AW-kaw-rok [REHG-geh-liz-ni].

609. Room service, please.
A szobaservicet kérem.
aw SO-baw-SEHR-vist KAY-rehm.

610. Please bring me [some ice].
Kérem, hozzon [jeget].
KAY-rehm, HOZ-zon [YEH-geht].

611. Do you have [a letter] for me?
Van [levél] a számomra?
vawn [LEH-vayl] aw SAH-mom-raw?

612. —a message. —üzenet. *—Ü-zeh-neht.*

613. —a parcel. —csomag. *—CHO-mawg.*

614. Send a [chambermaid].
Küldjön fel egy [szobalányt].
KÜL-dyön fehl ehdy [SO-baw-lahnyt].

615. —valet.
—szállodai inast. *—SAHL-lo-daw-i I-nawsht.*

616. —bellhop. —boyt. *—boyt.*

617. —waiter. —pincért. *—PIN-tsayrt.*

618. —porter. —portást. —*POR-tahsht.*

619. —messenger.
—kifutófiút. —*KI-foo-toh-FI-ooht.*

620. I am expecting a friend.
Egy barátomat* várom.
ehdy BAW-rah-to-mawt VAH-rom.

621. I am expecting [a guest].
[Egy vendéget] várok.
[ehdy VEHN-day-geht] VAH-rok.

622. —a telephone call.
Egy telefonra —. *ehdy TEH-leh-fon-raw —.*

623. Has anyone called?
Keresett valaki? *KEH-reh-sheht VAW-law-ki?*

624. Send him up. Küldje fel. *KÜL-dyeh fehl.*

625. I shall not be here for lunch.
Ebédre nem leszek itt.
EH-bayd-reh nehm LEH-sehk itt.

626. May I leave [these valuables] in the hotel safe?
[Ezeket az értéktárgyakat] a szállodai széfben
hagyhatom?
*[EH-zeh-keht awz AYR-tayk-TAHR-dyaw-kawt] aw
SAHL-lo-daw-i SAYV-behn HAWTY-haw-tom?*

627. I would like to get [my possessions] from the safe.
Ki szeretném venni [a dolgaimat] a szállodai széfből.
*ki SEH-reht-naym VEHN-ni [aw DOL-gaw-i-mawt]
aw SAHL-lo-daw-i SAYV-böhl.*

---

* This is a male friend. For a female friend, say *Egy
barátnömet* (pronounced: *ehdy BAW-raht-nöh-meht*).

628. When must I check out?
Mikor kell leadni a szobát?
MI-kor kehl LEH-awd-ni aw SO-baht?

629. I am leaving [at 10 o'clock].
[Tízkor] elutazom. *[TEES-KOR] EHL-oo-taw-zom.*

630. Make out my bill [as soon as possible].
Állítsa ki a számlámat, [amilyen hamar csak lehet].
AHL-lee-chaw ki aw SAHM-lah-mawt, [AW-mi-yehn HAW-mawr chawk LEH-heht].

631. The cashier. A pénztáros. *aw PAYNS-tah-rosh.*

632. The doorman.
Az ajtónálló. *awz AWY-tohn-AHL-loh.*

633. The lobby. A hall. *aw hawll.*

CHAMBERMAID

634. The door doesn't lock.
Az ajtót nem lehet bezárni.
awz AWY-toht nehm LEH-heht BEH-zahr-ni.

635. The [toilet] is broken.
A [w.c.] el van törve. *aw [VAY-tsay] ehl vawn TÖR-veh.*

636. The room is [too cold] [too hot].
A szoba [túl hideg] [túl meleg].
aw SO-baw [toohl HI-dehg] [toohl MEH-lehg].

637. Is this drinking water?
Ez ivóvíz? *ehz I-voh-veez?*

638. There is no hot water.
Nincs meleg víz. *ninch MEH-lehg veez.*

639. Spray [for insects].
Permetezzen szét [rovarirtót].
PEHR-meh-tehz-zehn sayt [RO-vawr-IR-toht].

640. —for vermin.
—férgekirtót. —*FAYR-gehk-IR-toht.*

641. Wash and iron [this shirt].
Mossa és vasalja ki [ezt az inget].
MOSH-shaw aysh VAW-shawy-yaw ki [ehst awz IN-geht].

642. Change the sheets. (LIT.: Clean sheets, please.)
Tiszta lepedőt kérek. *TIS-taw LEH-peh-döht KAY-rehk.*

643. Make the bed.
Csinálja meg az ágyat.
CHI-nahy-yaw mehg awz AH-dyawt.

644. Bring me [another blanket].
Kérek [még egy takarót].
KAY-rehk [mayg ehdy TAW-kaw-roht].

645. —a bath mat.
—egy lábszőnyeget. —*ehdy LAHP-söh-nyeh-geht.*

646. —a bed sheet.
—egy lepedőt. —*ehdy LEH-peh-döht.*

647. —a candle. —egy gyertyát. —*ehdy DYEHR-tyaht.*

648. —some coathangers.
—egy pár ruhaakasztót.
—*ehdy pahr ROO-haw-AW-kaws-toht.*

649. —a glass. —egy poharat. —*ehdy PO-haw-rawt.*

650. —a pillow. —egy párnát. —*ehdy PAHR-naht.*

651. —a pillowcase.
—egy párnahuzatot. —*ehdy PAHR-naw-HOO-zaw-tot.*

652. —an adapter for electrical appliances.
—egy közvetítő dugaszt elektromos eszközök számára.
—*ehdy KÖZ-veh-tee-töh DOO-gawst EH-lehkt-ro-mosh EHS-kö-zök SAH-mah-raw.*

653. —soap. —szappant. —*SAWP-pawnt.*

654. —toilet paper.
—vécépapírt. —*VAY-tsay-PAW-peert.*

655. —a towel.
—egy törülközőt. —*ehdy TÖ-rül-kö-zöht.*

656. —a wash basin.
—egy mosdótálat. —*ehdy MOSH-doh-TAH-lawt.*

657. —a washcloth.
—egy mosdókesztyűt. —*ehdy MOSH-doh-KEHS-tyüht.*

RENTING AN APARTMENT

658. I want to rent [a furnished] [an unfurnished] apartment [with a bathroom].
Egy [bútorozott] [bútorozatlan] lakást akarok bérelni [fürdőszobával].
ehdy [BOOH-to-ro-zott] [BOOH-to-ro-zawt-lawn] LAW-kahsht AW-kaw-rok BAY-rehl-ni [FÜR-döh-SO-bah-vawl].

659. —with two bedrooms.
—két hálószobával. —*kayt HAH-loh-SO-bah-vawl.*

660. —with a living room.
—nappalival. —*NAWP-paw-li-vawl.*

661. —with a dining room.
—ebédlővel. —*EH-bayd-löh-vehl.*

662. —with a kitchen.
—konyhával. —*KONY-hah-vawl.*

663. Do you furnish [the linen]?
[Az ágyneműről] maga gondoskodik?
[*awz AHDY-neh-müh-röhl*] *MAW-gaw GON-dosh-ko-dik?*

664. —the dishes.
Az edényekről —. *awz EH-day-nyehk-röhl —.*

665. Do we have to sign a lease?
Alá kell írni egy bérleti szerződést?
*AW-lah kehll EER-ni ehdy BAYR-leh-ti
SEHR-zöh-daysht?*

APARTMENT: USEFUL WORDS

666. Alarm clock.
Ébresztőóra. *AYB-rehs-töh-OH-raw.*

667. Ashtray. Hamutartó. *HAW-moo-TAWR-toh.*

668. Bathtub. Fürdőkád. *FÜR-döh-kahd.*

669. Bottle opener. Sörnyitó. *SHÖR-nyi-toh.*

670. Broom. Seprű. *SHEHP-rüh.*

671. Can opener. Konzervnyitó. *KON-zehrv-NYI-toh.*

672. Chair. Szék. *sayk.*

673. Chest of drawers.
Fiókos szekrény. *FI-oh-kosh SEHK-rayny.*

674. Clock. Óra. *OH-raw.*

675. Closet. Faliszekrény. *FAW-li-SEHK-rayny.*

676. Cook (male/female).
Szakács/Szakácsnő. *SAW-kahch/SAW-kahch-nöh.*

677. Cork (stopper). Dugó. *DOO-goh.*

678. Corkscrew. Dugóhúzó. *DOO-goh-HOOH-zoh.*

679. Curtains (OR: **Drapes).**
Függönyök. *FÜG-gö-nyök.*

680. (Sofa) cushion.
(Dívány)párna. (*DEE-vahny)-PAHR-naw.*

681. Dishwasher.
Mosogatógép. *MO-sho-gaw-toh-gayp.*

682. Doorbell. Csengő. *CHEHN-göh.*

683. Dryer. Szárítógép. *SAH-ree-toh-gayp.*

684. Fan. Ventillátor. *VEHN-til-lah-tor.*

685. Floor. Padló. *PAWD-loh.*

686. Lamp. Lámpa. *LAHM-paw.*

687. Light bulb. Villanykörte. *VIL-lawny-KÖR-teh.*

688. Linens. Ágynemű. *AHDY-neh-müh.*

689. Mosquito net.
Szúnyogháló. *SOOH-nyok-HAH-loh.*

690. Pail. Vödör. *VÖ-dör.*

691. Rug. Szőnyeg. *SÖH-nyehg.*

692. Sink. Mosogató. *MO-sho-gaw-toh.*

693. Switch (light). Kapcsoló. *KAWP-cho-loh.*

694. Table. Asztal. *AWS-tawl.*

695. Tablecloth. Asztalterítő. *AWS-tawl-TEH-ree-töh.*

696. Terrace. Terasz. *TEH-raws.*

697. Tray. Tálca. *TAHL-tsaw.*

698. Vase. Váza. *VAH-zaw.*

699. Venetian blinds. Roletta. *RO-leht-taw.*

700. Washing machine. Mosógép. *MO-shoh-gayp.*

701. **Whiskbroom.** Kéziseprű. *KAY-zi-SHEHP-rüh.*

702. **Window shades.** Redőnyök. *REH-döh-nyök.*

CAFÉ AND BAR

703. **Bartender, I'd like a drink.**
Bármixer, szeretnék valamit inni.
BAHR-mik-sehr, SEH-reht-nayk VAW-law-mit IN-ni.

704. **I'd like [a cocktail].**
[Egy koktélt] szeretnék.
[ehdy KOK-taylt] SEH-reht-nayk.

705. —**a bottle of mineral water [without gas].**
Egy üveg ásványvizet [szénsav nélkül] —.
ehdydy Ü-vehg AHSH-vahny-VI-zeht [SAYN-shawv NAYL-kül] —.

706. —**a (Scotch) whiskey [and soda].**
Egy whiskeyt [szódával] —.
ehdy VIS-kit [SOH-dah-vawl] —.

707. —**a cognac.**
Egy konyakot —. *ehdy KO-nyaw-kot —.*

708. —**a brandy.** Egy brandyt —. *ehdy BRAHN-dit —.*

709. —**a plum brandy.**
Egy szilvapálinkát —. *ehdy SIL-va-PAH-lin-kaht —.*

710. —**an apricot brandy.**
Egy barackpálinkát —.
ehdy BAW-rawtsk-PAH-lin-kaht —.

711. —**a walnut brandy.**
Egy diópálinkát —. *ehdy DI-oh-PAH-lin-kaht —.*

712. —a liqueur. Egy likőrt —. *ehdy LI-köhrt* —.

713. —a gin. Egy dzsint —. *ehdy jint* —.

714. —a gin and tonic.
Egy dzsint tonikkal —. *ehdy jint TO-nik-kawl* —.

715. —rum. Rumot —. *ROO-mot* —.

716. —rye whiskey.
Rozspálinkát —. *ROSH-pah-lin-kaht* —.

717. —bourbon whiskey.
Bourbont —. *BOOR-bont* —.

718. —vodka. Vodkát —. *VOT-kaht* —.

719. —a lemonade.
Egy limonádét —. *ehdy LI-mo-nah-dayt* —.

720. —a non-alcoholic drink.
Egy alkoholmentes italt —.
ehdydy AWL-ko-hol-mehn-tehsh I-tawlt —.

721. —a bottle of [Traubisoda].
Egy üveg [Traubisodát] —.
ehdydy Ü-vehg [TRAWOO-bi-SOH-daht] —.

722. —a light [draft] beer.
Világos [csapolt] sört —.
VI-lah-gosh [CHAW-polt] shört —.

723. —a dark beer.
Barna sört —. *BAWR-naw shört* —.

724. —champagne. Pezsgőt —. *PEHZH-göht* —.

725. —a glass of sherry.
Egy pohár sherryt —. *ehdy PO-hahr SHEHR-rit* —.

726. —red wine. Vörösbort —. *VÖ-rözh-BORT* —.

727. —white wine. Fehérbort —. *FEH-hayr-BORT* —.

728. —Tokay wine.* Tokajit —.   *TO-kaw-yit* —.

729. I'd like a bottled fruit drink.
Egy gyümölcslevet szeretnék üvegben.
ehdy DYÜ-mölch-LEH-veht SEH-reht-nayk Ü-vehg-ben.

730. Let's have another.
Igyunk még egyet.   *I-dyoonk mayg EHDY-dyeht.*

731. To your health!
Egészségére!   *EH-gaysh-shay-gay-reh!*

RESTAURANT

732. Can you recommend a typical Hungarian restaurant?
Tud egy jellegzetes magyar vendéglőt ajánlani?
*tood ehdy YEL-lehg-zeh-tehsh MAW-dyawr
VEHN-dayg-löht AW-yah-law-ni?*

733. —for breakfast.   —reggelire.   —*REHG-geh-li-reh.*

734. —for the midday meal.
—ebédre.   —*EH-bayd-reh.*

735. —for dinner.   —vacsorára.   —*VAW-cho-rah-raw.*

736. Where can one get a sandwich?
Hol lehet szendvicset kapni?
hol LEH-heht SEHND-vi-cheht KAWP-ni?

---

* Two popular types of Tokay are the very sweet *Tokaji aszu* and the semisweet or dry *Tokaji szamorodni.* Other distinctive Hungarian wines are: *Debröi hárslevelü* (a white wine from Debrö), *Egri bikavér* ("bull's blood from Eger," a dark red Burgundy type) and *Badacsonyi kéknyelü* and *Badacsonyi szürkebarát* (light, dry, white wines from the Lake Balaton district).

737. Do you serve [lunch]?

Lehet itt [ebédet] kapni?

LEH-heht itt [EH-bay-deht] KAWP-ni?

738. At what time is [supper] served?

Hány órától kezdve lehet [vacsorát] kapni?

hahny OH-rah-tohl KEHZD-veh LEH-heht [VAW-cho-raht] KAWP-ni?

739. There are [three] of us.

[Hárman] vagyunk. *[HAHR-mawn] VAW-dyoonk.*

740. Do you serve at this table?

Maga szolgál ki ennél az asztalnál?

MAW-gaw SOL-gahl ki EHN-nayl awz AWS-tawl-nahl?

741. I prefer a table [by the window].

Jobban szeretnék egy asztalt [az ablak mellett].

YOB-bawn SEH-reht-nayk ehdydy AWS-tawlt [awz AWB-lawk MEHL-lehtt].

742. —in the corner.

—a sarokban. *—aw SHAW-rog-bawn.*

743. —outdoors. —kinn (OR: kint). *—kinn (OR: kint).*

744. —indoors.

—benn (OR: bent). *—behnn (OR: behnt).*

745. I'd like to wash my hands.

Szeretném megmosni a kezemet.

SEH-reht-naym MEHG-mosh-ni aw KEH-zeh-meht.

746. We want to dine à la carte.

À la carte akarunk ebédelni.

ah lah kahrt AW-kaw-roonk EH-bay-dehl-ni.

747. We want to dine table d'hôte.

A menüt akarjuk enni.

aw MEH-nüt AW-kawr-yook EHN-ni.

748. We want to eat lightly.
Valami könnyűt akarunk enni.
VAW-law-mi KÖNY-nyüht AW-kaw-roonk EHN-ni.

749. What are the specialties of the house?
Mi a specialitásuk? *mi aw SHPEH-tsi-aw-li-tah-shook?*

750. What kind of [fish] do you have?
Milyen [hal] van ma? *MI-yehn [hawl] vawn maw?*

751. Please serve us as quickly as you can.
Kérem hozza, amilyen gyorsan csak lehet.
*KAY-rehm HOZ-zaw, AW-mi-yehn DYOR-shawn
chawk LEH-heht.*

752. Call the wine steward.
Hívja az italospincért.
HEEV-yaw awz I-taw-losh-PIN-tsayrt.

753. Bring me [the menu].
Kérem [az étlapot]. *KAY-rehm [awz AYT-law-pot].*

754. —the wine list. —a borlapot. *—aw BOR-law-pot.*

755. Bring me water [with ice] [without ice].
Kérek egy pohár vizet, [jéggel] [jég nélkül].
*KAY-rek ehdy PO-hahr VI-zeht [YAYG-gehl] [yayg
NAYL-kül].*

756. —a napkin.
—egy szalvétát. *—ehdy SAWL-vay-taht.*

757. —bread. —kenyeret. *—KEH-nyeh-reht.*

758. —butter. —vajat. *—VAW-yawt.*

759. —a cup. —egy csészét. *—ehdy CHAY-sayt.*

760. —a fork. —egy villát. *—ehdy VIL-laht.*

761. —a glass. —egy poharat. *—ehdy PO-haw-rawt.*

762. —a knife. —egy kést. *—ehdy kaysht.*

763. —a sharp knife.
—egy éles kést. —*ehdydy AY-lehsh kaysht.*

764. —a plate. —egy tányért. —*ehdy TAH-nyayrt.*

765. —a large (OR: soup) spoon.
—egy nagykanalat (OR: leveseskanalat).
—*ehdy NAWTY-KAW-naw-lawt* (OR: *LEH-veh-shehsh-KAW-naw-lawt*).

766. —a saucer.
—csészealjat. —*CHAY-seh-AWY-yawt.*

767. —a teaspoon.
—kávéskanalat. —*KAH-vaysh-KAW-naw-lawt.*

768. I want something [plain].
Valami [egyszerűt] akarok.
VAW-law-mi [EHT-tseh-rüht] AW-kaw-rok.

769. —without meat.
—hústalant —. —*HOOHSH-taw-lawnt* —.

770. Is it [canned]?
[Konzervből] van? [*KON-zehrv-böhl*] *vawn?*

771. —fatty. Kövér —. *KÖ-vayr* —.

772. —fresh. Friss —. *frishsh* —.

773. —frozen. Fagyasztott —. *FAW-dyaws-tott* —.

774. —greasy. Zsíros —. *ZHEE-rosh* —.

775. —lean. Sovány —. *SHO-vahny* —.

776. —peppery. Borsos —. *BOR-shosh* —.

777. —very salty.
Nagyon sós —. *NAW-dyon shohsh* —.

778. —spicy. Fűszeres —. *FÜH-seh-rehsh* —.

779. —[very] sweet.
[Nagyon] édes —. [*NAW-dyon*] *AY-dehsh* —.

780. How is it prepared?
Hogyan van elkészítve?
HO-dyawn vawn EHL-kay-seet-veh?

781. Is it baked? Sütve van? *SHÜT-veh vawn?*

782. Is it boiled? Főtt van? *föht vawn?*

783. Is it breaded?
Ki van rántva? *ki vawn RAHNT-vaw?*

784. Is it chopped? Vagdalt van? *VAWG-dawlt vawn?*

785. Is it fried?
Zsírban van sütve? *ZHEER-bawn vawn SHÜT-veh?*

786. Is it grilled?
Roston van sütve? *ROSH-ton vawn SHÜT-veh?*

787. Is it ground? Darált van? *DAW-rahlt vawn?*

788. Is it roasted? Sült van? *shült vawn?*

789. Is it sautéed?
Gyorsan és könnyen van sütve?
DYOR-shawn aysh KÖNY-nyehn vawn SHÜT-veh?

790. Is it on a skewer?
Nyárson van? *NYAHR-shon vawn?*

791. This is [stale]. Ez [nem friss]. *ehz [nehm frishsh].*

792. —too tough. —túl rágós. *—toohl RAH-gohsh.*

793. —too dry. —túl száraz. *—toohl SAH-rawz.*

794. I like the meat [rare].
[Véresen] szeretem a húst.
[VAY-reh-shehn] SEH-reh-tehm aw hoohsht.

795. —medium.
Félig átsütve —. *FAY-lig AH-chüt-veh —.*

796. —well done.
Egészen átsütve —. *EH-gay-sehn AH-chüt-veh —.*

797. The dish is [undercooked].
Az étel [nincs eléggé megfőzve].
awz AY-tehl [ninch EH-layg-gay MEHK-föhz-veh].

798. —burned.
—oda van égve. *—O-daw vawn AYG-veh.*

799. A little more. Még egy kicsit. *mayg ehdy KI-chit.*

800. A little less.
Egy kicsit kevesebbet. *ehdy KI-chit KEH-veh-shehb-beht.*

801. Something else.
Valami mást. *VAW-law-mi mahsht.*

802. A small portion. Kis adagot. *kish AW-daw-got.*

803. The next course.
A következő fogást. *aw KÖ-veht-keh-zöh FO-gahsht.*

804. I have enough. Ennyi elég. *EHNY-nyi EH-layg.*

805. This is not clean. Ez nem tiszta. *ehz nehm TIS-taw.*

806. This is too cold. Ez túl hideg. *ehz toohl HI-dehg.*

807. I did not order this.
Ezt nem rendeltem. *ehst nehm REHN-dehl-tehm.*

808. You may take this away. Elviheti. *EHL-vi-heh-ti.*

809. May I change this for [a salad]?
Kaphatnék ehelyett [salátát]?
KAWP-hawt-nayk EH-heh-yett [SHAW-lah-taht]?

810. What flavors do you have?
Milyen fajta van? *MI-yehn FAWY-taw vawn?*

811. The check, please. Fizetek. *FI-zeh-tehk.*

812. Pay at the cashier's desk.
Fizessen a pénztárnal.
FI-zehsh-shehn aw PAYNS-TAHR-nawl.

813. Is the tip included?
A borravaló benne van?
aw BOR-raw-VAW-loh BEHN-neh vawn?

814. There is a mistake in the bill.
Tévedés van a számlában.
TAY-veh-daysh vawn aw SAHM-lah-bawn.

815. What are these charges for?
Ez miért van felszámítva?
ehz MI-ayrt vawn FEHL-sah-meet-vaw?

816. Keep the change.
Tartsa meg a különbséget.
TAWR-chaw mehg aw KÜ-lömp-shay-geht.

817. The food and service were excellent.
Az étel és a kiszolgálás kitűnő volt.
awz AY-tehl aysh aw KI-sol-gah-lahsh KI-tüh-nöh volt.

818. Hearty appetite!
Jó étvágyat!   *yoh AYT-vah-dyawt!*

FOOD: SEASONINGS

819. Condiments.
Fűszeres hozzávaló.   *FÜH-seh-rehsh HOZ-zah-VAW-loh.*

820. Catsup (LIT.: Piquant sauce).
Pikáns mártás.   *PI-kahnsh MAHR-tahsh.*

821. Garlic.   Fokhagyma.   *FOK-hawdy-maw.*

822. Horseradish.   Torma.   *TOR-maw.*

823. Mayonnaise.   Majonéz.   *MAW-yo-nayz.*

824. [Hot] [mild] mustard.
[Csípős] [enyhén csípős] mustár.
[*CHEE-pöhsh*] [*EHNY-hayn CHEE-pöhsh*]
  MOOSH-tahr.

825. Oil. Olaj. *O-lawy.*

826. Paprika. Paprikás. *PAWP-ri-kahsh.*

827. Pepper. Bors. *borsh.*

828. Salt. Só. *shoh.*

829. Sauce. Mártás. *MAHR-tahsh.*

830. Sugar. Cukor. *TSOO-kor.*

831. Vinegar. Ecet. *EH-tseht.*

BEVERAGES AND BREAKFAST FOODS

832. Coffee. Kávé. *KAH-vay.*

833. —with cream. Tejszínes —. *TEHY-see-nehsh* —.

834. —with milk. Tejes —. *TEH-yehsh* —.

835. Black coffee.
Feketekávé. *FEH-keh-teh-KAH-vay.*

836. Espresso. Eszpresszo. *EHS-prehs-soh.*

837. Iced coffee. Jegeskávé. *YEH-gehsh-KAH-vay.*

838. Hot chocolate.
Forró csokoládé. *FOR-roh CHO-ko-lah-day.*

839. Milk. Tej. *tehy.*

840. Tea. Tea. *TEH-aw.*

841. —with lemon. Citromos —. *TSIT-ro-mosh* —.

842. —**with artificial sweetener.**
—cukorpótlóval. —*TSOO-kor-POHT-loh-vawl.*

843. Iced tea. Jegestea. *YEH-gehsh-TEH-aw.*

844. Fruit juice. Gyümölcslé. *DYÜ-mölch-lay.*

845. Grapefruit juice.
Grapefruitlé. "*GRAPE-fruit*"-*lay.*

846. Orange juice. Narancslé. *NAW-rawnch-lay.*

847. Tomato juice.
Paradicsomlé. *PAW-raw-di-chom-lay.*

848. [Brown] [white] bread.
[Barna] [fehér] kenyér.
[*BAWR-naw*] [*FEH-hayr*] *KEH-nyayr.*

849. Breakfast pastry.
Cukrászsütemény. *TSOOK-rahsh-SHÜ-teh-mayny.*

850. Kaiser rolls. Zsemlék. *ZHEHM-layk.*

851. Crescent rolls. Kiflik. *KIF-lik*

852. Toast. Pirítós. *PI-ree-tohsh.*

853. Jam. Dzsem. *jehm.*

854. Honey. Méz. *mayz.*

855. Marmalade. Narancsíz. *NAW-rawnch-eez.*

856. Preserves. Lekvár. *LEHK-vahr.*

857. Eggs [with bacon].
Tojás [szalonnával]. *TO-yahsh* [*SAW-lon-nah-vawl*].

858. —**with sausage.** —kolbásszal. —*KOL-bahs-sawl.*

859. —**with ham.** —sonkával. —*SHON-kah-vawl.*

860. Ham. Sonka. *SHON-kaw.*

861. [Soft-boiled] [hard-boiled] eggs.
[Lágy] [kemény] tojás.
[*lahdy*] [*KEH-mayny*] *TO-yahsh.*

862. Fried eggs.   Tükörtojás.   *TÜ-kör-TO-yahsh.*

863. Poached eggs.
Buggyantott tojás.   *BOODY-dyawn-tot TO-yahsh.*

864. Scrambled eggs.   Rántotta.   *RAHN-tot-taw.*

865. Omelet.   Omlett.   *OM-lehtt.*

SOUPS*

866. Bableves.   *BAWB-LEH-vehsh.*   Bean soup.

867. Borsóleves.   *BOR-shoh-LEH-vehsh.*   Pea soup.

868. Burgonyaleves.   *BOOR-go-nyaw-LEH-vehsh.*
Potato soup.

869. Csirkeleves.   *CHIR-keh-LEH-vehsh.*
Chicken soup.

870. Gombaleves.   *GOM-baw-LEH-vesh.*
Mushroom soup.

871. Gulyásleves.   *GOO-yahsh-LEH-vehsh.*
Goulash soup.

872. Halászlé.   *HAW-lahs-lay.*
Spicy fish and paprika soup.

873. Hideg meggyleves.
HI-dehg MEHDYDY-LEH-vehsh.
Cold sour cherry soup.

* The following sections include both basic foods and Hungarian dishes made from them. They are alphabetized according to the Hungarian entries to aid you in reading menus.

874. Köménymagos leves.
KÖ-mayny-maw-gosh LEH-vehsh.
Caraway soup.

875. Korhelyleves. *KOR-hehy-LEH-vehsh.*
Sauerkraut soup (LIT.: Drunkard's soup, traditionally served for a hangover).

876. Lencseleves. *LEHN-cheh- LEH-vehsh.*
Lentil soup.

877. Májgombócleves. *MAHY-gom-bohts-LEH-vehsh.*
Liver dumpling soup.

878. Marhaerőleves. *MAWR-haw-EH-röh-LEH-vehsh.*
Beef broth.

879. Paradicsomleves. *PAW-raw-di-chom-LEH-vehsh.*
Tomato soup.

880. Zöldségleves. *ZÖL-chayg-LEH-vehsh.*
Vegetable soup.

SALADS

881. Céklasaláta. *TSAYK-law-SHAW-lah-taw.*
Beet salad.

882. Csalamádé. *CHAW-law-mah-day.*
Mixed pickled vegetable salad.

883. Fejessaláta. *FEH-yehsh-SHAW-lah-taw.*
Lettuce salad.

884. Gyümölcssaláta. *DYÜ-mölch-SHAW-lah-taw.*
Fruit salad.

885. Káposztasaláta. *KAH-pos-taw-SHAW-lah-taw.*
Coleslaw.

886. Krumplisaláta. *KROOMP-li-SHAW-lah-taw.*
Potato salad.

887. Paradicsomsaláta.
PAW-raw-di-chom-SHAW-lah-taw.
Tomato salad.

888. Salátaöntet. *SHAW-lah-taw-ÖN-teht.*
Salad dressing.

889. Uborkasaláta. *OO-bor-kaw-SHAW-lah-taw.*
Cucumber salad.

890. Zellersaláta. *ZEHL-lehr-SHAW-lah-taw.*
Celery root salad.

891. Zöldségsaláta. *ZÖL-chayg-SHAW-lah-taw.*
Cold mixed vegetable salad.

MEATS AND MEAT DISHES

892. Bárány. *BAH-rahny.* Lamb.

893. Báránypörkölt. *BAH-rahny-pör-költ.*
Lamb stew with paprika.

894. Bécsi szelet. *BAY-chi SEH-leht.*
Breaded veal cutlet (Wienerschnitzel).

895. Bifsztek. *BIF-stehk.* Steak.

896. Borjúhús. *BOR-yooh-hoohsh.* Veal.

897. Borjúpörkölt. *BOR-yooh-pör-költ.*
Veal stew with paprika.

898. Borjúvelő. *BOR-yooh-VEH-löh.* Calf's brains.

899. Cigány gulyás. *TSI-gahny GOO-yahsh.*
"Gypsy" goulash (containing a variety of meats).

900. Darált marhahús. *DAW-rahlt MAWR-haw-hoohsh.*
Ground beef.

901. Debreceni fatányéros.
DEHB-reh-tseh-ni FAW-tah-nyay-rosh.
Grilled pork, beef, and veal served on a wooden platter.

902. Disznóhús. *DIS-noh-hoohsh.* Pork.

903. Fasírozott. *FAW-shee-ro-zott.* Meat loaf.

904. Gombás hús. *GOM-bahsh hoohsh.*
Beef rolls filled with mushrooms.

905. Húsgombóc. *HOOHZH-gom-bohts.*
Meat dumplings.

906. Karaj. *KAW-rawy.* Chops.

907. Kolbász. *KOL-bahs.* Sausage.

908. Máj. *mahy.* Liver.

909. Májas hurka. *MAH-yawsh HOOR-kaw.*
Liver sausage.

910. Malacpecsenye. *MAW-lawts-peh-cheh-nyeh.*
Roast suckling pig.

911. Marhahús. *MAWR-haw-hoohsh.* Beef.

912. Marhasült. *MAWR-haw-shült.* Roast beef.

913. Nyúlpörkölt. *NYOOHL-pör-költ.*
Stewed rabbit with paprika.

914. Őzgerinc. *ÖHZ-geh-rints.* Saddle of venison.

915. Rablóhús nyárson.
RAW-bloh-hoohsh NYAHR-shon.
"Robber's meat" (kabobs).

916. Szallonás sült. *SAW-lon-nahsh shült.*
Steak cooked in paprika-coated bacon.

917. Szarvas. *SAWR-vawsh.* Venison.

918. Székelygulyás (OR: **Székelykáposzta**).
SAY-kehy-GOO-yahsh (OR: *SAY-kehy-KAH-pos-taw*).
Pork goulash with sauerkraut and sour cream.

919. Szeletek. *SEH-leh-tehk.* Cutlets.

920. Szív. *seev.* Heart.

921. Tokány. *TO-kahny.*
Ragout with beef, lamb, veal or pork.

922. Ürühús. *Ü-rü-hoohsh.* Mutton.

923. Vad. *vawd.* Game.

924. Véres hurka. *VAY-rehsh HOOR-kaw.*
Blood sausage.

925. Vese gombával. *VEH-sheh GOM-bah-vawl.*
Kidney and mushrooms.

926. Vesék. *VEH-shayk.* Kidneys.

POULTRY

927. Bográcsos csirke. *BO-grah-chosh CHIR-ke.*
Chicken stew cooked in a kettle.

928. Csirke. *CHIR-keh.* Chicken.

929. Galamb. *GAW-lawmb.* Pigeon.

930. Kacsa. *KAW-chaw.* Duck.

931. Liba. *LI-baw.* Goose.

932. Paprikás csirke. *PAWP-ri-kahsh CHIR-keh.*
Chicken stew with paprika and cream.

933. Pulyka. *POOY-kaw.* Turkey.

934. Rántott csirkemell-szeletek.
RAHN-tot CHIR-keh-mehl-seh-leh-tehk.
Breaded fried chicken cutlets.

FISH AND SEAFOOD

935. Csiga. *CHI-gaw.* Snails.

936. Csuka. *CHOO-kaw.* Pike.

937. Fogas. *FO-gawsh.* Perch-pike (large).

938. Folyami rák. *FO-yaw-mi rahk.* Crayfish.

939. Hering. *HEH-ring.* Herring.

940. Homár. *HO-mahr.* Lobster.

941. Kardhal. *KAWRT-hawl.* Swordfish.

942. Kirántott hal. *KI-rahn-tot hawl.*
Breaded fried fish.

943. Lazac. *LAW-zawts.* Salmon.

944. Naphal. *NAWP-hawl.* Sole.

945. Osztriga. *OST-ri-gaw.* Oysters.

946. Paprikás hal. *PAWP-ri-kahsh hawl.*
Fish stew with paprika and cream.

947. Pisztráng. *PIST-rahng.* Trout.

948. Ponty. *ponty.* Carp.

949. Süllő. *SHÜL-löh.* Perch-pike (small).

950. Szardínia. *SAWR-dee-ni-aw.* Sardine.

951. Tengeri rák. *TEHN-geh-ri rahk.* Crab.

952. Tőkehal. *TÖH-keh-hawl.* Cod.

953. Tonhal. *TON-hawl.* Tuna.

SAUCES

954. Ajókamártás. *AW-yoh-kaw-mahr-tahsh.*
Anchovy sauce.

955. Almamártás. *AWL-maw-mahr-tahsh.*
Apple sauce.

956. Gombamártás. *GOM-baw-mahr-tahsh.*
Mushroom sauce.

957. Hagymamártás. *HAWDY-maw-mahr-tahsh.*
Onion sauce.

958. Kapormártás. *KAW-por-mahr-tahsh.* Dill sauce.

959. Lecsó. *LEH-choh.*
Sauce base vegetable dish with tomatoes, onions, sweet
    peppers, sugar and paprika.

960. Paprikás mártás. *PAWP-ri-kahsh MAHR-tahsh.*
Paprika sauce.

961. Paradicsommártás. *PAW-raw-di-chom-mahr-tahsh.*
Tomato sauce.

962. Tormamártás. *TOR-maw-mahr-tahsh.*
Horseradish sauce.

963. Uborkamártás. *OO-bor-kaw-mahr-tahsh.*
Cucumber sauce.

VEGETABLES, STARCHES AND SIDE DISHES*

964. Articsóka. *AWR-ti-choh-kaw.* Artichoke.

965. Bab. *bawb.* Beans.

966. Borsó. *BOR-shoh.* Peas.

967. Burgonyagombóc. *BOOR-go-nyaw-GOM-bohts.*
Potato dumplings.

968. Csipetke. *CHI-peht-keh.*
Little pinched dumplings.

969. Daragaluska. *DAW-raw-GAW-loosh-kaw.*
Small semolina dumplings.

970. Daragombóc. *DAW-raw-GOM-bohts.*
Semolina dumplings.

971. Főtt krumpli. *föht KROOMP-li.*
Boiled potatoes.

972. Galuska. *GAW-loosh-kaw.* Bite-size dumplings.

973. Gomba. *GOM-baw.* Mushrooms.

974. Gombás palacsinták.
GOM-bahsh PAW-law-chin-tahk. Mushroom crêpes.

975. Gombóc. *GOM-bohts.* Dumplings.

976. Hagyma. *HAWDY-maw.* Onions.

977. Káposzta. *KAH-pos-taw.* Cabbage.

978. Káposztás kockák. *KAH-pos-tahsh KOTS-kahk.*
Cabbage-noodle squares.

---

* This section includes side dishes which may be served as
snacks, as the entrée of a light meal, or towards the end of a
more elaborate repast.

979. Káposztás rétes. *KAH-pos-tahsh RAY-tehsh.*
Strudel with cabbage filling.

980. Karfiol. *KAWR-fi-ol.* Cauliflower.

981. Kirántott sajt. *KI-rahn-tot shawyt.*
Breaded fried cheese.

982. Kocsonyázott [hal] [sertés].
KO-cho-nyah-zot [hawl] [SHEHR-taysh].
[Fish] [Pork] in aspic.

983. Kolozsvári rakott káposzta.
KO-lozh-vah-ri RAW-kot KAH-pos-taw.
Cabbage layered with pork.

984. Körözött júhtúró. *KÖ-rö-zöt YOOH-tooh-roh.*
Liptauer (sheep's milk) cheese spread with paprika, onion
and caraway.

985. Krumpli (OR: Burgonya).
KROOMP-li (OR: BOOR-go-nyaw).
Potatoes.

986. Krumplipüré. *KROOMP-li-PÜ-ray.*
Mashed potatoes.

987. Metélt. *MEH-taylt.* Noodles.

988. Olajbogyó. *O-lawy-BO-dyoh.* Olives.

989. Paprikás burgonya.
PAWP-ri-kahsh BOOR-go-nyaw.
Potatoes stewed in paprika sauce.

990. Paradicsom. *PAW-raw-di-chom.* Tomatoes.

991. Petrezselyem. *PEHT-reh-zheh-yehm.* Parsley.

992. Rakott [káposzta] [krumpli].
RAW-kot [KAH-pos-taw] [KROOMP-li].
[Potato] [Cabbage] casserole.

993. Rizs. *rizh.* Rice.

994. Sárgarépa. *SHAHR-gaw-RAY-paw.* Carrots.

995. Sonkás metélt. *SHON-kahsh MEH-taylt.*
Noodles with ham.

996. Sonkás rétes. *SHON-kahsh RAY-tehsh.*
Strudel with ham filling.

997. Sonkás palacsinták.
SHON-kahsh PAW-law-chin-tahk.
Ham crêpes.

998. Spagetti. *SHPAW-geht-ti.* Spaghetti.

999. Spárga. *SHPAHR-gaw.* Asparagus.

1000. Spenót. *SHPEH-noht.* Spinach.

1001. Sült krumpli. *shült KROOMP-li.*
Baked potatoes.

1002. Tarhonya [főzés]. *TAWR-ho-nyaw [FÖH-zaysh].*
[Baked] egg barley.

1003. Tejfeles újburgonya.
TEHY-feh-lehsh OOHY-BOOR-go-nyaw.
New potatoes with sour cream.

1004. Tepertős pogácsa. *TEH-pehr-töhsh PO-gah-chaw.*
Biscuits with bacon cracklings.

1005. Töltött [hagyma] [káposzta] [karalábé].
*TÖL-töt [HAWDY-maw] [KAH-pos-taw]
  [KAW-raw-lah-bay].*
Stuffed [onions] [cabbage] [kohlrabi].

1006. Töltött [krumpli] [paprika] [tojás].
TÖL-töt [KROOMP-li] [PAWP-ri-kaw] [TO-yahsh].
Stuffed [potatoes] [green peppers] [eggs].

1007. Túróscsusza. *TOOH-rohsh-CHOO-saw.*
Noodles with curds.

1008. Uborka. *OO-bor-kaw.* Cucumbers.

1009. Vajbab. *VAWY-bawb.*
Wax (OR: Yellow) beans.

1010. Zeller. *ZEHL-lehr.* Celery.

1011. Zöldbab. *ZÖLD-bawb.* Green beans.

1012. Zöldpaprika. *ZÖLT-pawp-ri-kaw.*
Green peppers.

1013. Zsírban sült krumpli.
ZHEER-bawn shült KROOMP-li.
Fried potatoes.

FRUITS

1014. Alma. *AWL-maw.* Apple.

1015. Ananász. *AW-naw-nahs.* Pineapple.

1016. Banán. *BAW-nahn.* Banana.

1017. Citrom. *TSIT-rom.* Lemon.

1018. Cseresznye. *CHEH-rehs-nyeh.* Sweet cherries.

1019. Dinnye. *DINY-nyeh.* Melon.

1020. Datolya. *DAW-to-yaw.* Dates.

1021. [Egy fél] grapefruit. *[ehdy fayl]* "grapefruit."
[A half] grapefruit.

1022. (Földi)eper. *(FÖL-di-)EH-pehr.* Strawberries.

1023. Füge. *FÜ-geh.* Figs.

1024. Körte. *KÖR-teh.* Pear.

1025. Málna. *MAHL-naw.* Raspberries.

1026. Mandarin. *MAWN-daw-rin.* Tangerine.

1027. Meggy. *mehdydy.* Sour cherries.

1028. Narancs. *NAW-rawnch.* Orange.

1029. Őszibarack. *ÖH-si-BAW-rawtsk.* Peach.

1030. Sárgabarack. *SHAHR-gaw-BAW-rawtsk.* Apricot.

1031. Sárgadinnye. *SHAWR-gaw-DINY-nyeh.* Cantaloupe.

1032. Szilva. *SIL-vaw.* Plums.

1033. Szilvakompót. *SIL-vaw-KOM-poht.* Prunes (stewed).

1034. Szőlő. *SÖH-löh.* Grapes.

DESSERTS

1035. Aprósütemények. *AWP-roh-SHÜ-teh-may-nyehk.* Cookies.

1036. Aranygaluska. *AW-rawny-GAW-loosh-kaw.* Golden dumpling cake

1037. [Vanília] [Csokoládé] fagylalt. *[VAW-nee-li-aw] [CHO-ko-lah-day] FAWDY-lawlt.* [Vanilla] [Chocolate] ice cream.

1038. Gyümölcsfagylalt. *DYÜ-mölch-FAWDY-lawlt.* Sherbet.

1039. [Diós] [Mákos] kalács. *[DI-ohsh] [MAH-kosh] KAW-lahch.* [Walnut] [Poppy-seed] roll cake.

1040. Lekváros derelye (OR: Barátfüle). *LEHK-vah-rosh DEH-reh-yeh* (OR: *BAW-raht-fü-leh*), Jam pockets (OR: Friar's ears).

1041. [Mákos] [Túrós] metélt.
[MAH-kosh] [TOOH-rohsh] MEH-taylt.
Hot sweetened noodles with [poppy seed] [curds].

1042. Mézeskalács. *MAY-zehsh-KAW-lahch.*
Honey bread.

1043. [Diós] [Lekváros] palacsinták.
[DI-ohsh] [LEHK-vah-rosh] PAW-law-chin-tahk.
Dessert crêpes filled with [ground walnuts] [jam].

1044. Puding. *POO-ding.* Pudding.

1045. [Almás] [mákos] [meggyes] [túrós] rétes.
[AWL-mahsh] [MAH-kosh] [MEHDY-dyehsh]
   [TOOH-rohsh] RAY-tehsh.
[Apple] [Poppy-seed] [Cherry] [Curd-cheese] strudel.

1046. Rizsfelfújt. *RIZH-FEHL-foohyt.* Rice soufflé.

1047. [Nem csípős] [csípős] sajt.
[nehm CHEE-pöhsh] [CHEE-pöhsh] shawyt.
[Mild] [Strong] cheese.

1048. Szilvás gombóc. *SIL-vahsh GOM-bohts.*
Plum dumpling.

1049. [Dobos] torta. *[DO-bosh] TOR-taw.*
Layer cake [with chocolate cream].

1050. Vajas pogácsa. *VAW-yawsh PO-gah-chaw.*
Sweet butter biscuits.

SIGHTSEEING

1051. I want a licensed guide [who speaks English].
Szeretnék egy államilag jogosított idegenvezetőt,
   [aki tud angolul].
SEH-reht-nayk ehdydy AHL-law-mi-lawg YO-go-shee-tott
   I-deh-gehn-VEH-zeh-töht, [AW-ki tood AWN-go-lool].

1052. How long will the excursion take?
Mennyi ideig tart a kirándulás?
MEHNY-nyi I-deh-ig tawrt aw KI-rahn-doo-lahsh?

1053. Do I have to book in advance?
Előre kell rezerválnom?
EH-löh-reh kehl REH-zehr-vahl-nom?

1054. Are admission tickets and a snack included?
Ebben a belépődíj és a falatozás is benne van?
EHB-behn aw BEH-lay-pöh-deey aysh aw FAW-law-to-zahsh ish BEHN-neh vawn?

1055. What is the charge for a trip [to the island]?
Mennyibe kerül egy út [a szigetre]?
MEHNY-nyi-beh KEH-rül ehdydy ooht [aw SI-geht-reh]?

1056. —to the mountain.
—a hegyre. *—aw HEHDY-reh.*

1057. —to Lake Balaton.
—a Balatonhoz. *—aw BAW-law-ton-hoz.*

1058. What is the charge for a trip around the city?
Mennyibe kerül körülutazni a városban?
MEHNY-nyi-beh KEH-rül KÖ-rül-OO-tawz-ni aw VAH-rozh-bawn?

1059. Call for me [tomorrow] at my hotel at 8 A.M.
Jöjjön értem [holnap] reggel nyolckor a szállodámba.
YÖY-yön AYR-tehm [HOL-nawp] REHG-gehl NYOLTS-kor aw SAHL-lo-dahm-baw.

1060. Show me the sights of interest.
Mutassa meg a látnivalókat.
MOO-tawsh-shaw mehg aw LAHT-ni-VAW-loh-kawt.

1061. What is that building?
Mi az az épület? *mi awz awz AY-pü-leht?*

1062. How old is it?   Milyen régi?   *MI-yehn RAY-gi?*

1063. Can we go in?
Bemehetünk?   *BEH-meh-heh-tünk?*

1064. I am interested in [architecture].
Engem [az építészet] érdekel.
EHN-gehm [awz AY-pee-tay-seht] AYR-deh-kehl.

1065. —archeology.
—az archeológia —.   —*awz AWR-hyeh-o-loh-gi-aw* —.

1066. —sculpture.
—a szobrászat —.   —*aw SOB-rah-sawt* —.

1067. —painting.
—a festészet —.   —*aw FEHSH-tay-seht* —.

1068. —folk art.
—a népművészet —.   —*aw NAYP-MÜH-vay-seht* —.

1069. —native arts and crafts.
—hazai iparművészet —.
—*HAW-zaw-i I-pawr-MÜH-vay-seht* —.

1070. —modern art.
—modern művészet —.   —*MO-dehrn MÜH-vay-seht* —.

1071. I should like to see [the park].
Szeretném látni [a parkot].
SEH-reht-naym LAHT-ni [aw PAWR-kot].

1072. —the cathedral.
—székesegyházat.   —*SAY-kehsh-EHTY-hah-zawt.*

1073. —the countryside.
—a vidéket.   —*aw VI-day-keht.*

1074. —the library.
—a könyvtárt.   —*aw KÖNYF-tahrt.*

1075. —the ruins.   —a romokat.   —*aw RO-mo-kawt.*

1076. —the castle.   —a kastélyt.   —*aw KAWSH-tayyt.*

1077. —**the palace.** —a palotát. —*aw PAW-lo-taht.*

1078. —**the zoo.**
—az állatkertet. —*awz AHL-lawt-KEHR-teht.*

1079. Let's take a walk around [the botanical garden].
Sétáljunk egyet [a füvészkertben].
SHAY-tahl-yoonk EHDY-dyeht [aw FÜ-vays-KEHRT-behn].

1080. A beautiful view!
Milyen szép kilátás! *MI-yehn sayp KI-lah-tahsh!*

1081. Very interesting!
Nagyon érdekes. *NAW-dyon AYR-deh-kehsh.*

1082. Magnificent! Nagyszerű! *NAWT-tseh-rüh!*

1083. We are enjoying ourselves.
Jól mulatunk. *yohl MOO-law-toonk.*

1084. I am bored. Unatkozom. *OO-nawt-ko-zom.*

1085. When does the museum [open] [close]?
Hány órakor [nyitják ki] [zárják be] a múzeumot?
hahny OH-raw-kor [NYITY-tyahk ki] [ZAHR-yahk beh] aw MOOH-zeh-oo-mot?

1086. Is this the way [to the entrance]?
Erre van [a bejárat]?
EHR-reh vawn [aw BEH-yah-rawt]?

1087. —**the exit.** —a kijárat. —*aw KI-yah-rawt.*

1088. Let's visit the fine arts gallery.
Látogassunk el a szépművészeti múzeumba.
LAH-to-gawsh-shoonk ehl aw SAYP-MÜH-vay-seh-ti MOOH-zeh-oom-baw.

1089. Let's stay longer.
Maradjunk még egy kicsit tovább.
MAW-rawdy-dyoonk mayg ehdy KI-chit TO-vahbb.

1090. Let's leave now.
Menjünk most. *MEHNY-nyünk mosht.*

1091. We must be back by 5 o'clock.
Öt órára vissza kell lennünk.
öt OH-rah-raw VIS-saw kehl LEHN-nünk.

1092. If there is time, let's rest a while.
Ha időnk van, pihenjünk egy kicsit.
haw I-döhnk vawn, PI-hehny-nyünk ehdy KI-chit.

WORSHIP

1093. Altar. Oltár. *OL-tahr.*

1094. Catholic church.
Katolikus templom. *KAW-to-li-koosh TEHMP-lom.*

1095. Choral music.
Kóruszene. *KOH-roozh-ZEH-neh.*

1096. Collection plate.
Gyűjtőpersely. *DYÜHY-töh-PEHR-shehy.*

1097. Communion. Áldozás. *AHL-do-zahsh.*

1098. Confession. Gyónás. *DYOH-nahsh.*

1099. Contribution. Adomány. *AW-do-mahny.*

1100. Mass. Mise. *MI-sheh.*

1101. Minister. Lelkész. *LEHL-kays.*

1102. Prayers. Imák. *I-mahk.*

1103. Prayer book. Imakönyv. *I-maw-könyv.*

1104. Priest. Pap. *pawp.*

1105. Protestant church.
Protestáns templom. *PRO-tehsh-tahnsh TEHMP-lom.*

1106. Rabbi. Rabbi. *RAWB-bi.*

1107. Religious school.
Vallásos iskola. *VAWL-lah-shosh ISH-ko-law.*

1108. Synagogue. Zsinagóga. *ZHI-naw-goh-gaw.*

1109. Sermon. Szentbeszéd. *SEHNT-beh-sayd.*

1110. Services. Istentisztelet. *ISH-tehn-TIS-teh-leht.*

1111. Sunday (OR: Church) school.
Vasárnapi iskola. *VAW-shahr-naw-pi ISH-ko-law.*

ENTERTAINMENTS

1112. Is there [a matinée] today?
Van ma [délutáni előadás]?
vawn maw [DAYL-oo-tah-ni EH-löh-AW-dahsh]?

1113. Has [the show] begun?
Elkezdődött már [az előadás]?
EHL-kehz-döh-döt mahr [awz EH-löh-AW-dahsh]?

1114. What is playing now?
Mi megy most? *mi mehdy mosht?*

1115. Have you any seats for tonight?
Van még jegy ma estére?
vawn mayg yehdy maw EHSH-tay-reh?

1116. How much is [an orchestra seat]?
Mennyibe kerül [egy zenekari ülés]?
MEHNY-nyi-beh KEH-rül [ehdy ZEH-neh-kaw-ri Ü-laysh]?

1117. —a balcony seat.
—egy erkélyülés. *—ehdy EHR-kayy-Ü-laysh?*

1118. —a box. —egy páholy. *—ehdy PAH-hoy.*

1119. —a seat in the mezzanine.
—egy ülés a félemeleten.
—*ehdydy Ü-laysh aw FAYL-eh-meh-leh-tehn.*

1120. Not too far from the stage.
Nem túl messze a színpadtól.
nehm toohl MEHS-seh aw SEEN-pawt-tohl.

1121. Here is my stub.
Itt van a szelvényem. *it vawn aw SEHL-vay-nyehm.*

1122. Can I see and hear well from there?
Lehet jól látni és hallani onnan?
LEH-heht yohl LAHT-ni aysh HAWL-law-ni ON-nawn?

1123. Follow the usher.
Menjen a jegyszedő után.
MEHNY-nyehn aw YEHDY-seh-döh OO-tahn.

1124. Is smoking permitted here?
Szabad itt dohányozni? *SAW-bawd it DO-hah-nyoz-ni?*

1125. How long is the intermission?
Meddig tart a szünet? *MEHD-dig tawrt aw SÜ-neht?*

1126. When does the performance begin?
Mikor kezdődik az előadás?
MI-kor KEHZ-döh-dik awz EH-löh-AW-dahsh?

1127. How long does the program last?
Meddig tart az előadás?
MEHD-dig tawrt awz EH-löh-AW-dahsh?

1128. Everyone enjoyed the show.
Mindenkinek tetszett az előadás.
MIN-dehn-ki-nehk TEHT-sehtt awz EH-löh-AW-dahsh.

1129. The ballet. A balett. *aw BAW-lehtt.*

1130. The box office (OR: ticket window).
A jegypénztár. *aw YEHTY-payns-tahr.*

1131. The circus. A cirkusz. *aw TSIR-koos.*

1132. The concert.
A hangverseny. *aw HAWNG-vehr-shehny.*

1133. The folk dances.
A népitáncok. *aw NAY-pi-TAHN-tsok.*

1134. The gambling casino.
A játékkaszinó. *aw YAH-tayk-KAW-si-noh.*

1135. The movies. A mozi. *aw MO-zi.*

1136. The musical comedy.
A zenés vígjáték. *aw ZEH-naysh VEEG-yah-tayk.*

1137. The nightclub.
Az éjszakai mulatóhely.
awz AYY-saw-kaw-i MOO-law-toh-hehy.

1138. The opera. Az opera. *awz O-peh-raw.*

1139. The opera glasses.
A látcső. *aw LAHT-chöh.*

1140. The opera house.
Az operaház. *awz O-peh-raw-hahz.*

1141. The performance.
Az előadás. *awz EH-löh-AW-dahsh.*

1142. The program (OR: playbill).
A műsorfüzet. *aw MÜH-shor-FÜ-zeht.*

1143. The puppet show.
A bábjáték. *aw BAHB-yah-tayk.*

1144. The reserved seat.
A fenntartott hely. *aw FEHNN-tawr-tot hehy.*

1145. The sports event.
A sportesemény. *aw SHPORT-EH-sheh-mayny.*

1146. Standing room. Állóhely. *AHL-loh-hehy.*

1147. The theater. A színház. *aw SEEN-hahz.*

1148. The ticket window.
A jegypénztár.　*aw YEHTY-payns-tahr.*

1149. The variety show. A revü.　*aw REH-vü.*

1150. The [beginning] [end] of the line.
A sor [kezdete] [vége].
aw shor [KEHZ-deh-teh] [VAY-geh].

NIGHTCLUB AND DANCING

1151. How much is [the admission charge]?
Mennyi [a belépődíj]?
MEHNY-nyi [aw BEH-lay-pöh-deey]?

1152. —the cover charge.
—kötelező fogyasztás.
—KÖ-teh-leh-zöh FO-dyaws-tahsh.

1153. —the minimum charge.
—a minimum fogyasztás.
—aw MI-ni-moom FO-dyaws-tahsh.

1154. Is there a floor show?
Van műsor?　*vawn MÜH-shor?*

1155. Where can we go to dance?
Hova mehetünk táncolni?
HO-vaw MEH-heh-tünk TAHN-tsol-ni?

1156. May I have this dance?
Nekem adja ezt a táncot?
NEH-kehm AWDY-dyaw ehst aw TAHN-tsot?

1157. You dance very well.
Maga nagyon jól táncol.
MAW-gaw NAW-dyon yohl TAHN-tsol.

1158. Will you play [a fox-trot]?
Játszana [egy foxtrotot]?
YAHT-tsaw-naw [ehdy FOKS-TRO-tot]?

1159. —a rumba.
—egy rumbát.   *—ehdy ROOM-baht.*

1160. —a samba.   —egy szambát.   *—ehdy SAWM-baht.*

1161. —a tango.   —egy tangót.   *—ehdy TAWN-goht.*

1162. —a waltz.   —egy keringőt.   *—ehdy KEH-rin-göht.*

1163. —a folk dance.
—egy népi táncot.   *—ehdy NAY-pi TAHN-tsot.*

1164. —rock music.
—rock zenét.   *—"rock" ZEH-nayt.*

1165. The discotheque. A diszkó.   *aw DIS-koh.*

SPORTS AND GAMES

1166. We want [to play soccer].
[Futballozni] akarunk.
[FOOD-bawl-loz-ni] AW-kaw-roonk.

1167. —to play basketball.
Kosarazni —.   *KO-shaw-rawz-ni —.*

1168. —to play cards.
Kártyázni —.   *KAHR-tyahz-ni —.*

1169. —to play golf. Golfozni —.   *GOL-foz-ni —.*

1170. —to play ping-pong.
Pingpongozni —.   *PING-pon-goz-ni —.*

1171. —to play tennis.
Teniszezni —.   *TEH-ni-sehz-ni —.*

1172. —to play volleyball.
Röplabdázni —. *RŐP-lawb-dahz-ni* —.

1173. Do you play chess?
Sakkozik? *SHAWK-ko-zik?*

1174. Do you play checkers?
Játszik dámát? *YAHT-tsik DAH-maht?*

1175. Do you play bridge? Bridzsezik? *BRI-jeh-zik?*

1176. Let's go swimming.
Menjünk úszni. *MEHNY-nyünk OOHS-ni.*

1177. Let's go [to the swimming pool].
Menjünk [az uszodába].
MEHNY-nyünk [awz OO-so-dah-baw].

1178. —to the beach.
—a strandra. *—aw SHTRAWND-raw.*

1179. —to the horse races.
—a lóversenyre. *—aw LOH-vehr-shehny-reh.*

1180. —to the soccer game.
—a futballmeccsre. *—aw FOOD-bawll-MEHCH-reh.*

1181. I need [golf equipment].
[Golffelszerelésre] van szükségem.
[GOLF-fehl-seh-reh-laysh-reh] vawn SÜK-shay-gehm.

1182. —fishing tackle.
Horgászfelszerelésre —.
HOR-gahs-FEHL-seh-reh-laysh-reh —.

1183. —a tennis racket.
Egy teniszütőre —. *ehdy TEH-nis-Ü-töh-reh* —.

1184. Can we go [fishing]?
Mehetünk [halászni]? *MEH-heh-tünk [HAW-lahs-ni]?*

1185. —horseback riding.
—lovagolni. *—LO-vaw-gol-ni.*

1186. —roller-skating.
—görkorcsolyázni. —*GÖR-kor-cho-yahz-ni.*

1187. —ice-skating.
—korcsolyázni. —*KOR-cho-yahz-ni.*

1188. —sledding. —szánkázni. —*SAHN-kahz-ni.*

1189. —skiing. —sízni. —*SHEEZ-ni.*

HIKING AND CAMPING

1190. How long a walk is it to the youth hostel?
Mennyire van innen gyalog az ifjúsági szálló?
*MEHNY- nyi-reh vawn IN-nehn DYAW-log awz
IF-yooh-shah-gi SAHL-loh?*

1191. Are toilet facilities available?
Van nyilvános vécé (OR: W.C.)?
vawn NYIL-vah-nosh VAY-tsay?

1192. Campsite. Kemping. *KEHM-ping.*

1193. Camping equipment.
Kempingfelszerelés. *KEHM-ping-FEHL-seh-reh-laysh.*

1194. Camping permit.
Kempingengedély. *KEHM-ping-EHN-geh-dayy.*

1195. Cooking utensils.
Főzőfelszerelés. *FÖH-zöh-FEHL-seh-reh-laysh.*

1196. Firewood. Tűzifa. *TÜH-zi-faw.*

1197. Footpath.
Gyalogösvény. *DYAW-log-ÖSH-vayny.*

1198. Hike. Gyalogtúra. *DYAW-lok-TOOH-raw.*

1199. Matches. Gyufa. *DYOO-faw.*

1200. Picnic. Piknik. *PIK-nik.*

1201. Rubbish. Szemét. *SEH-mayt.*

1202. Rubbish receptacle.
Szemétláda. *SEH-mayt-LAH-daw.*

1203. Shortcut. Átvágás. *AHT-vah-gahsh.*

1204. Tent. Sátor. *SHAH-tor.*

1205. Thermos. Termosz. *TEHR-mos.*

1206. Drinking water. Ivóvíz. *I-voh-veez.*

1207. Forest. Erdő. *EHR-döh.*

1208. Lake. Tó. *toh.*

1209. Mountain. Hegy. *hehdy.*

1210. River. Folyó. *FO-yoh.*

1211. Stream. Patak. *PAW-tawk.*

BANK AND MONEY

1212. Where can I change foreign money?
Hol válthatok be külföldi pénzt?
hol VAHLT-haw-tok beh KÜL-föl-di paynst?

1213. What is the exchange rate on the dollar?
Mi a dollár beváltási árfolyama?
mi aw DOL-lahr BEH-vahl-tah-shi AHR-fo-yaw-maw?

1214. Will you cash [a personal check]?
Beválthatok itt [egy egyéni csekket]?
*BEH-vahlt-haw-tok itt [ehdydy EH-dyay-ni
    CHEHK-keht]?*

1215. —a traveler's check.
—egy utazási csekket.
—ehdydy OO-taw-zah-shi CHEHK-keht.

1216. I have a bank draft.
Van egy bankcsekkem.
vawn ehdy BAWNK-chehk-kehm.

1217. I have a letter of credit.
Van egy hitellevelem. *vawn ehdy HI-tehl-LEH-veh-lehm.*

1218. I would like to exchange [twenty] dollars.
Szeretnék [húsz] dollárt beváltani.
SEH-reht-nayk [hoohs] DOL-lahrt BEH-vahl-taw-ni.

1219. Please give me [large bills].
Kérem, adjon nekem [nagy címleteket].
*KAY-rehm, AWDY-dyon NEH-kehm [nawdy
TSEEM-leh-teh-ket.*

1220. —small bills.
—kis címleteket. *—kish TSEEM-leh-teh-keht.*

1221. —small change.
—aprópénzt. *—AWP-roh-PAYNST.*

SHOPPING

1222. Show me [the hat] in the window.
Mutassa meg [a kalapot] a kirakatban.
*MOO-tawsh-shaw mehg [aw KAW-law-pot] aw
KI-raw-kawd-bawn.*

1223. Can you help me, please?
Segítsen, kérem? *SHEH-gee-chehn, KAY-rehm?*

1224. I just want to look around (OR: browse).
Csak körül szeretnék nézni.
chawk KÖ-rül SEH-reht-nayk NAYZ-ni.

1225. I shall come back later.
Később visszajövök. *KAY-shöhb VIS-saw-YÖ-vök.*

1226. I've been waiting [a long time already].
[Már hosszú ideje] várok.
[*mahr HOS-sooh I-deh-yeh*] *VAH-rok.*

1227. —only a short time.
Csak rövid ideje —. *chawk RÖ-vid I-deh-yeh* —.

1228. What brand do you have?
Milyen márkája van? *MI-yehn MAHR-kah-yaw vawn?*

1229. How much is it?
Mennyibe kerül? *MEHNY-nyi-beh KEH-rül?*

1230. —per piece.
—darabonként. —*DAW-raw-bon-kaynt.*

1231. —per meter.
—méterenként. —*MAY-teh-rehn-kaynt.*

1232. —per pound. —fontonként. —*FON-ton-kaynt.*

1233. —per kilo. —kilónként. —*KI-lohn-kaynt.*

1234. —per package.
—csomagonként. —*CHO-maw-gon-kaynt.*

1235. —all together. —az egész. —*awz EH-gays.*

1236. It is [too expensive].
Ez [túl drága]. *ehz [toohl DRAH-gaw].*

1237. —cheap. —olcsó. —*OL-choh.*

1238. —reasonable.
—elfogadható. —*EHL-fo-gawt-haw-toh.*

1239. Is that your lowest price?
Ennél olcsóbban nem adja?
EHN-nayl OL-chohb-bawn nehm AWDY-dyaw?

1240. Do you give a discount?
Adnak árengedményt?
AWD-nawk AHR-EHN-gehd-maynyt?

1241. I [do not] like that.
Ez [nem] tetszik. *ehz [nehm] TEHT-tsik.*

1242. Have you something [better]?
Nincs valami [jobb]? *ninch VAW-law-mi [yobb]?*

1243. —cheaper. —olcsóbb. *—OL-chohbb.*

1244. —more fashionable.
—divatosabb. *—DI-vaw-to-shawbb.*

1245. —softer. —puhább. *—POO-hahbb.*

1246. —stronger. —erősebb. *—EH-röh-shehbb.*

1247. —heavier. —nehezebb. *—NEH-heh-zehbb.*

1248. —lighter (in weight).
—könnyebb. *—KÖNY-nyehbb.*

1249. —tighter. —szorosabb. *—SO-ro-shawbb.*

1250. —looser. —lazább. *—LAW-zahbb.*

1251. —lighter (in color).
—világosabb. *—VI-lah-go-shawbb.*

1252. —darker. —sötétebb. *—SHÖ-tay-tehbb.*

1253. Do you have this [in my size]?
Van ez [az én méretemben]?
vawn ehz [awz ayn MAY-reh-tehm-behn]?

1254. —in a larger size.
—nagyobb méretben. *—NAW-dyob MAY-rehd-behn.*

1255. —in a smaller size.
—kisebb méretben. *—KI-shehb MAY-rehd-behn.*

1256. Can I order it [in another color]?
Megrendelhetem [más színben]?
MEHG-rehn-dehl-heh-tehm [mahsh SEEN-behn]?

1257. —in a different style.
—más fazonban. *—mahsh FAW-zon-bawn.*

1258. Where is the fitting room?
Hol van a próbaszoba?
hol vawn aw PROH-baw-SO-baw?

1259. May I try it on?
Felpróbálhatom? *FEHL-proh-bahl-haw-tom?*

1260. It does not fit.
Ez nem a megfelelő méret.
ehz nehm aw MEHG-feh-leh-löh MAY-reht.

1261. Too short. Túl rövid. *toohl RÖ-vid.*

1262. Too long. Túl hosszú. *toohl HOS-sooh.*

1263. Too big. Túl nagy. *toohl nawdy*

1264. Too small. Túl kicsi. *toohl KI-chi.*

1265. Please take the measurements.
Kérem, vegyen mértéket.
KAY-rehm, VEH-dyehn MAYR-tay-keht.

1266. The length. A hosszúság. *aw HOS-sooh-shahg.*

1267. The width. A bőség. *aw BÖH-shayg.*

1268. Will it [shrink] [tear]?
Nem fog [összemenni] [elszakadni]?
nehm fog [ÖS-seh-MEHN-ni] [EHL-saw-kawd-ni]?

1269. Is it [new]? Ez [új]? *ehz [oohy]?*

1270. —handmade.
—kézzel varrott. *—KAYZ-zehl VAWR-rott.*

1271. —an antique. —régiség. *—RAY-gi-shayg.*

1272. —a replica. —másolat. *—MAH-sho-lawt.*

1273. —an imitation. —utánzat. *—OO-tahn-zawt.*

1274. —secondhand. —használt. *—HAWS-nahlt.*

1275. —colorfast. —színtartó. *—SEEN-tawr-toh.*

1276. This is [not] my size.
Ez [nem] az én méretem.
az [nehm] awz ayn MAY-reh-tehm.

1277. Please have this ready soon.
Remélem, hamar készen lesz.
REH-may-lehm, HAW-mawr KAY-sehn lehs.

1278. How long will it take to make the alterations?
Mennyi ideig tart az alakítás?
MEHNY-nyi I-deh-ig tawrt awz AW-law-kee-tahsh?

1279. Does the price include alterations?
Benne van az árban az alakítás?
BEHN-neh vawn awz AHR-bawn awz AW-law-kee-tahsh?

1280. I cannot decide.
Nem tudom magam elhatározni.
nehm TOO-dom MAW-gawm EHL-haw-tah-roz-ni.

1281. I'll wait until it is ready.
Várni fogok, amíg készen lesz.
VAHR-ni FO-gok, AW-meeg KAY-sehn lehs.

1282. Wrap this.
Csomagolja be. *CHO-maw-goy-yaw beh.*

1283. Where do I pay? Hol fizetek? *hol FI-zeh-tehk?*

1284. Do I pay [the salesman]?
[Az elárusítónak] fizetek?
[awz EHL-ah-roo-shee-toh-nawk] FI-zeh-tehk?

1285. —the salesgirl.
Az elárusítónőnek —.
awz EHL-ah-roo-shee-toh-nöh-nehk —.

1286. Will you honor this credit card?
Fizethetek ezzel a hitelkártyával?
FI-zeht-heh-tehk EHZ-zehl aw HI-tehl-KAHR-tyah-vawl?

1287. May I pay with a personal check?
Fizethetek egyéni csekkel?
FI-zeht-heh-tehk EH-dyay-ni CHEHK-kehl?

1288. Is this identification acceptable?
Ez a személyazonossági igazolvány elég?
*ehz aw SEH-mayy-AW-zo-nosh-shah-gi I-gaw-zol-vahny
EH-layg?*

1289. Is the reference sufficient?
A referencia elég? *aw REH-fe-rehn-tsi-aw EH-layg?*

1290. Can you send it to my hotel?
El tudná küldeni a szállodámba?
ehl TOOD-nah KÜL-deh-ni aw SAHL-lo-dahm-baw?

1291. Can you ship it [to New York City]?
El tudná küldeni [New Yorkba]?
ehl TOOD-nah KÜL-deh-ni ["New York"-baw]?

1292. Pack this carefully for export.
Csomagolja gondosan exportcélokra.
*CHO-maw-goy-yaw GON-do-shawn EHKS-port-
TSAY-lok-raw.*

1293. Give me [a bill].
Adjon [egy számlát]. *AWDY-dyon [ehdy SAHM-laht].*

1294. —a receipt.
—egy nyugtát. *—ehdy NYOOK-taht.*

1295. —a credit memo.
—egy hitellevelet. *—ehdy HI-tehl-LEH-veh-leht.*

1296. I shall pay upon delivery.
Utánvéttel fogok fizetni.
OO-tahn-VAYT-tehl FO-gok FI-zeht-ni.

1297. Is there an additional charge for delivery?
Felszámítanak külön költséget a szállításért?
*FEHL-sah-mee-taw-nawk KÜ-lön KÖLT-shay-geht aw
SAHL-lee-tah-shayrt?*

1298. I wish to return this article.
Ezt vissza szeretném adni.
ehst VIS-saw SEH-reht-naym AWD-ni.

1299. Refund my money.
Térítse vissza a pénzemet.
TAY-ree-cheh VIS-saw aw PAYN-zeh-meht.

1300. Please exchange this.
Kérem, cserélje ezt be.
KAY-rehm, CHEH-rayy-yeh ehst beh.

CLOTHING AND ACCESSORIES

1301. A bathing cap.
Fürdősapka. *FÜR-döh-SHAWP-kaw.*

1302. A bathing suit. Fürdőruha. *FÜR-döh-ROO-haw.*

1303. A blouse. Blúz. *bloohz.*

1304. An elastic belt.
Gumirozott öv. *GOO-mi-ro-zott öv.*

1305. Boots. Csizma. *CHIZ-maw.*

1306. Bracelet. Karkötő. *KAWR-kö-töh.*

1307. Brassiere. Melltartó. *MEHL-tawr-toh.*

1308. A button. Gomb. *gomb.*

1309. A cane. Bot. *bot.*

1310. A cap. Sapka. *SHAWP-kaw.*

1311. A coat. Kabát. *KAW-baht.*

1312. A collar. Gallér. *GAWL-layr.*

1313. A compact. Púderdoboz. *POOH-dehr-DO-boz.*

1314. Cufflinks.
Kézelőgombok. *KAYZ-eh-löh-GOM-bok.*

1315. A dress. Ruha. *ROO-haw.*

1316. Earrings. Fülbevaló. *FÜL-beh-VAW-loh.*

1317. A pair of gloves.
Egy pár kesztyű. *ehdy pahr KEHS-tyüh.*

1318. A handbag.
Kézitáska. *KAY-zi-TAHSH-kaw.*

1319. Handkerchiefs.
Zsebkendők. *ZHEHP-kehn-döhk.*

1320. A jacket. Zakó. *ZAW-koh.*

1321. A dinner jacket. Szmoking. *SMO-king.*

1322. Lingerie.
Női fehérnemű. *NÖH-i FEH-hayr-NEH-müh.*

1323. A necktie. Nyakkendő. *NYAWK-kehn-döh.*

1324. A nightgown.
Női hálóing. *NÖH-i HAH-koh-ING.*

1325. Pajamas. Pizsama. *PI-zhaw-maw.*

1326. Panties. Bugyi. *BOO-dyi.*

1327. A pin (decorative). Melltű. *MEHL-tüh.*

1328. A pin (common).
Gombostű. *GOM-bosh-TÜH.*

1329. A safety pin.
Biztosítótű. *BIS-to-shee-toh-TÜH.*

1330. A raincoat. Esőkabát. *EH-shöh-KAW-baht.*

1331. Ribbon. Szalag. *SAW-lawg.*

1332. A ring. Gyűrű. *DYÜH-rüh.*

1333. Rubbers. Sárcipő. *SHAHR-tsi-pöh.*

1334. Sandals. Szandál. *SAWN-dahl.*

1335. A lady's scarf. Fejkendő. *FEHY-kehn-döh.*

1336. A man's scarf. Sál. *shahl.*

1337. A shawl. Kendő. *KEHN-döh.*

1338. A shirt. Ing. *ing.*

1339. Shoelaces. Cipőfüző. *TSI-pöh-FÜH-zöh.*

1340. Shoes. Cipő. *TSI-pöh.*

1341. Walking shorts [for men].
Rövid nadrág. *RÖ-vid NAW-drahg.*

1342. A skirt. Szoknya. *SOK-nyaw.*

1343. A slip Alsószoknya. *AWL-shoh-SOK-nyaw.*

1344. Slippers. Papucs. *PAW-pooch.*

1345. Socks. Zokni. *ZOK-ni.*

1346. Stockings. Harisnya. *HAW-rish-nyaw.*

1347. A strap. Szíj. *seey.*

1348. A man's suit. Öltöny. *ÖL-töny.*

1349. A sweater. Szvetter. *SVEHT-tehr.*

1350. A pair of trousers. Nadrág. *NAWD-rahg.*

1351. An umbrella. Esernyő. *EH-shehr-nyöh.*

1352. An undershirt. Alsóing. *AWL-shoh-ING.*

1353. Undershorts.
Alsónadrág. *AWL-shoh-NAWD-rahg.*

1354. Men's underwear.
Férfialsónemű. *FAYR-fi-AWL-shoh-NEH-müh.*

1355. A wallet. Tárca. *TAHR-tsaw.*

COLORS

1356. Black. Fekete. *FEH-keh-teh.*

1357. [Light] [Dark] blue.
[Világos] [Sötét] kék. *[VI-lah-gosh] [SHÖ-tayt] kayk.*

1358. Brown. Barna. *BAWR-naw.*

1359. Gray. Szürke. *SÜR-keh.*

1360. Green. Zöld. *zöld.*

1361. Khaki Khaki. *KAW-ki.*

1362. Olive green. Olívzöld. *O-leev-ZÖLD.*

1363. Orange.
Narancssárga. *NAW-rawnch-SHAHR-gaw.*

1364. Pink. Rózsaszín. *ROH-zhaw-seen.*

1365. Purple. Bíbor. *BEE-bor.*

1366. Red. Piros (OR: Vörös). *PI-rosh* (OR: *VÖ-rösh*).

1367. Tan. Világosbarna. *VI-lah-gosh-BAWR-naw.*

1368. White. Fehér. *FEH-hayr.*

1369. Yellow. Sárga. *SHAHR-gaw.*

MATERIALS

1370. Metal. Fém. *faym.*

1371. Aluminum.
Alumínium. *AW-loo-mee-ni-oom.*

1372. Brass. Sárgaréz. *SHAHR-gaw-RAYZ.*

1373. Copper. Vörösréz. *VÖ-rösh-RAYZ.*

1374. Gold. Arany. *AW-rany.*

1375. Iron. Vas. *vawsh.*

1376. Silver. Ezüst. *EH-züsht.*

1377. Steel. Acél. *AW-tsayl.*

1378. Textiles.
Textilanyagok. *TEHKS-til-AW-nyaw-gok.*

1379. Cotton.* Pamut. *PAW-moot.*

1380. Silk. Selyem. *SHEH-yehm.*

1381. Synthetic material.
Műanyag. *MÜH-aw-nyawg.*

1382. Wool. Gyapjú. *DYAWP-yooh.*

1383. Ceramics. Kerámia. *KEH-rah-mi-aw.*

1384. China. Porcelán. *POR-tseh-lahn.*

1385. Crystal. Kristályüveg. *KRISH-tahy-Ü-vehg.*

1386. Fur. Prém. *praym.*

1387. Glass. Üveg. *Ü-vehg.*

1388. Leather. Bőr. *böhr.*

1389. Plastic. Plasztik. *PLAWS-tik.*

1390. Stone. Kő. *köh.*

1391. Wood. Fa. *faw.*

* For dacron, nylon and orlon, use the English words and pronunciation.

BOOKSHOP, STATIONER, NEWSDEALER

1392. Do you have any books in English?
Vannak angol könyvei?
VAWN-nawk AWN-gol KÖNY-veh-i?

1393. I'd like to buy [playing cards].
[Játékkártyákat] szeretnék venni.
[YAH-tayk-KAHR-tyah-kawt] SEH-reht-nayk VEHN-ni.

1394. —a dictionary. Szótárt —. *SOH-tahrt —.*

1395. —a dozen envelopes.
Egy tucat borítékot —.
ehdy TOO-tsawt BO-ree-tay-kot —.

1396. —an eraser. Radírt —. *RAW-deert —.*

1397. —fiction.
Regényirodalmat —. *REH-gayny-I-ro-dawl-mawt —.*

1398. —folders.
Iratgyűjtőket —. *I-rawd-DYÜHY-töh-keht —.*

1399. —a guidebook.
Útikalauzt —. *OOH-ti-KAW-law-oost —.*

1400. —ink. Tintát —. *TIN-taht —.*

1401. —a map. Térképet —. *TAYR-KAY-peht —.*

1402. —some magazines.
Néhány folyóiratot —.
NAY-hahny FO-yoh-I-raw-tot —.

1403. —a newspaper.
Újságot —. *OOHY-shah-got —.*

1404. —nonfiction.
Nem szépirodalmat —. *nehm SAYP-i-ro-dawl-mawt —.*

1405. —a notebook. Noteszt —. *NO-tehst —.*

1406. —**airmail stationery.**
Légipostalevélpapírt —.
LAY-gi-POSH-taw-LEH-vayl-PAW-peert —.

1407. —**notepaper.**
Jegyzetpapírt —. *YEHDY-zeht-PAW-peert* —.

1408. —**carbon paper.**
Másolópapírt —. *MAH-sho-loh-PAW-peert* —.

1409. —**writing paper.**
Írópapírt —. *EE-roh-PAW-peert* —.

1410. —**a fountain pen.**
Töltőtollat —. *TÖL-töh-TOL-lawt* —.

1411. —**a ballpoint pen.**
Golyóstollat —. *GO-yohsh-TOL-lawt* —.

1412. —**a pencil.** Ceruzát —. *TSEH-roo-zaht* —.

1413. —**string.** Zsineget —. *ZHI-neh-geht* —.

1414. —**tape.** Szalagot —. *SAW-law-got* —.

1415. —**masking tape.**
Fedőszalagot —. *FEH-döh-SAW-law-got* —.

1416. —**scotch tape.** Celluxot —. *TSEHL-look-sot* —.

1417. —**typewriter.**
Írógépet —. *EE-roh-GAY-peht* —.

1418. —**typewriter ribbon.**
Irógépszalagot —. *EE-roh-gayp-SAW-law-got* —.

1419. —**wrapping paper.**
Csomagolópapírt —. *CHO-maw-go-loh-PAW-peert* —.

PHARMACY

1420. Is there [a pharmacy] here where they speak English?
Van itt [egy patika], ahol beszélnek angolul?
vawn itt [ehdy PAW-ti-kaw], AW-hol BEH-sayl-nehk AWN-go-lool?

1421. May I speak to [a male clerk]?
Beszélhetnék [egy férfielárusítóval]?
BEH-sayl-heht-nayk [ehdy FAYR-fi-EHL-ah-roo-shee-toh-vawl]?

1422. —a female clerk.
—elárusítónővel. *—EHL-ah-roo-shee-toh-NÖH-vehl.*

1423. Can you fill this prescription [immediately]?
Meg tudja [azonnal] csinálni ezt a receptet?
mehg TOOD-dyaw [AW-zon-nawl] CHI-nahl-ni ehst aw REH-tsehp-teht?

1424. Is it mild? Ez enyhe? *ehz EHNY-heh?*

1425. Is it safe?
Ez ártalmatlan? *ehz AHR-tawl-mawt-lawn?*

1426. Antibiotic. Antibiotikum. *AWN-ti-bi-o-ti-koom.*

1427. Sleeping pill. Altató. *AWL-taw-toh.*

1428. Tranquilizer.
Idegcsillapító. *I-dehk-CHI-law-pee-toh.*

1429. Warning.
Figyelmeztetés. *FI-dyehl-mehs-teh-taysh.*

1430. Poison. Méreg. *MAY-rehg.*

1431. Take as directed.
Előírás szerint. *EH-löh-ee-rahsh SEH-rint.*

1432. Not to be taken internally.
Nem belső használatra.
nehm BEHL-shöh HAWS-nah-lawt-raw.

1433. For external use only.
Csak külső használatra.
chawk KÜL-shöh HAWS-nah-lawt-raw.

See "Health and Illness," p. 126.

DRUGSTORE ITEMS

1434. Adhesive tape. Ragtapasz. *RAWK-taw-paws.*

1435. Alcohol. Alkohol. *AWL-ko-hol.*

1436. Analgesic (OR: Aspirin).
Fájdalomcsillapító (OR: Aszpirin).
FAHY-daw-lom-CHIL-law-pee-toh (OR: *AWS-pi-rin*).

1437. Antiseptic.
Antiszeptikum. *AWN-ti-SEHP-ti-koom.*

1438. Band-aids. Tapasz. *TAW-paws.*

1439. Bandages. Kötszer. *KÖT-tsehr.*

1440. Bath oil. Fürdőolaj. *FÜR-döh-O-lawy.*

1441. Bath salts. Fürdősó. *FÜR-döh-shoh.*

1442. Bicarbonate of soda.
Szódabikarbóna. *SO-daw-BI-kawr-boh-naw.*

1443. Boric acid. Bórsav. *BOHR-shawv.*

1444. Chewing gum. Rágógumi. *RAH-goh-GOO-mi.*

1445. Cleaning fluid. Tisztítószer. *TIS-tee-toh-SEHR.*

1446. Cleansing tissues.
Papírzsebkendő. *PAW-peer-ZHEHP-KEHN-döh*

1447. Cold cream. Arckrém. *AWRTS-kraym.*

1448. Cologne. Kölnivíz. *KÖL-ni-veez.*

1449. Comb. Fésü. *FAY-shüh.*

1450. Contraceptives.
Fogamzásgátló szer. *FO-gawm-zahzh-GAHT-loh sehr.*

1451. Corn pad.
Tyúkszemtapasz. *TYOOHK-sehm-TAW-paws.*

1452. Cotton (absorbent). Vatta. *VAWT-taw.*

1453. Cough syrup.
Köhögés elleni szirup.
KÖ-hö-gaysh EHL-leh-ni SI-roop.

1454. Deodorant.
Dezodorálószer. *DEH-zo-do-rah-loh-SEHR.*

1455. Depilatory. Szőrtelenítő. *SÖHR-teh-leh-nee-töh.*

1456. Disinfectant.
Fertőtlenítő. *FEHR-töht-leh-nee-töh.*

1457. Ear plugs. Füldugasz. *FÜL-doo-gaws.*

1458. Enema bag.
Beöntési tölcsér. *BEH-ön-tay-shi TÖL-chayr.*

1459. Epsom salts. Keserűsó. *KEH-sheh-rüh-shoh.*

1460. Eye cup.
Szemöblítő csésze. *SEHM-öb-lee-töh CHAY-seh.*

1461. Eye wash. Szemvíz. *SEHM-veez.*

1462. Gauze. Géz. *gayz.*

1463. Hairbrush. Hajkefe. *HAWY-keh-feh.*

1464. Hair clip. Hajcsatt. *HAWY-chawtt.*

1465. Hair net. Hajháló. *HAWY-hah-loh.*

1466. Hair tonic. Hajvíz. *HAWY-veez.*

1467. Hairpins. Hajtük. *HAWY-tühk.*

1468. Hairspray. Hajlakk. *HAWY-lawkk.*

1469. Hand lotion.
Kézápolószer. *KAYZ-ah-po-loh-sehr.*

1470. Hot-water bottle.
Melegvizespalack. *MEH-lehg-VI-zehsh-PAW-lawtsk.*

1471. Ice bag. Jégtömlő. *YAYK-töm-löh.*

1472. Insecticide.
Rovarirtószer. *RO-vawr-IR-toh-sehr.*

1473. Iodine. Jód. *yohd.*

1474. Laxative (mild).
Hashajtó (enyhe). *HAWSH-hawy-toh (EHNY-heh).*

1475. Lipstick. Ajakrúzs. *AW-yawk-roohzh.*

1476. Medicine dropper.
Csepegtető. *CHEH-pehk-teh-töh.*

1477. Mirror. Tükör. *TÜ-kör.*

1478. Mouthwash. Szájvíz. *SAHY-veez.*

1479. Nail file. Körömráspoly. *KÖ-röm-RAHSH-poy.*

1480. Nail polish. Körömlakk. *KÖ-röm-lawkk.*

1481. Nose drops. Orrcseppek. *ORR-chehp-pehk.*

1482. Ointment. Kenőcs. *KEH-nöhch.*

1483. Peroxide. Szuperoxid. *SOO-pehr-OK-sid.*

1484. Powder. Hintőpor. *HIN-töh-por.*

1485. Face powder. Púder. *POOH-dehr.*

1486. Foot powder. Lábhintőpor. *LAHP-hin-töh-por.*

1487. Talcum powder.
Testhintőpor. *TEHSHT-hin-töh-por.*

1488. Powder puff.
Púderpamacs. *POOH-dehr-PAW-mawch.*

1489. Straight razor. Borotvakés. *BO-rot-vaw-kaysh.*

1490. Electric razor.
Villanyborotva. *VIL-lawny-BO-rot-vaw.*

1491. Safety razor.
Borotvakészülék. *BO-rot-vaw-KAY-sü-layk.*

1492. Razor blade.
Borotvapenge. *BO-rot-vaw-PEHN-geh.*

1493. Rouge. Rúzs. *roohzh.*

1494. Sanitary napkins. Havikötő. *HAW-vi-KÖ-töh.*

1495. Sedative.
Nyugtatószer. *NYOOK-taw-toh-SEHR.*

1496. Shampoo. Sampon. *SHAWM-pon.*

1497. Shaving brush.
Borotvapamacs. *BO-rot-vaw-PAW-mawch.*

1498. Shaving cream (brushless).
Borotvakrém. *BO-rot-vaw-kraym.*

1499. Shaving lotion. Borotvavíz. *BO-rot-vaw-veez.*

1500. Shower cap.
Fürdősapka. *FÜR-döh-SHAWP-kaw.*

1501. Smelling salts. Szagos só. *SAW-gosh shoh.*

1502. Sponge. Szivacs. *SI-vawch.*

1503. Sunburn ointment.
Gyógyír leégésre. *DYOHDY-eer LEH-ay-gaysh-reh.*

1504. Sunglasses.
Napszemüveg. *NAWP-sehm-Ü-vehg.*

1505. Suntan oil (OR: lotion).
Napolaj. *NAWP-o-lawy.*

1506. Syringe. Fecskendő. *FEHCH-kehn-döh.*

1507. Tampons. Tampon. *TAWM-pon.*

1508. Thermometer [Celsius] [Fahrenheit].
Hőmérő [Celsius] [Fahrenheit].
HÖH-may-röh [TSEHL-zi-oos] [FAH-rehn-hehyt].

1509. Toothbrush. Fogkefe. *FOK-keh-feh.*

1510. Toothpaste. Fogkrém. *FOK-kraym.*

1511. Toothpowder. Fogpor. *FOK-por.*

1512. Vaseline. Vazelin. *VAW-zeh-lin.*

1513. Vitamins. Vitaminok. *VI-taw-mi-nok.*

CAMERA SHOP AND PHOTOGRAPHY

1514. I want a roll of film [for this camera].
Szeretnék egy filmtekercset [ehhez a fényképezőgéphez].
*SEH-reht-nayk ehdy FILM-teh-kehr-cheht [EHH-hehz
aw FAYNY-kay-peh-zöh-GAYP-hehz].*

1515. Do you have [color film]?
Van [színes filmje]? *vawn [SEE-nehsh FILM-yeh]?*

1516. —black-and-white film.
—fekete-fehér filmje.
—FEH-keh-teh-FEH-hayr FILM-yeh.

1517. —movie film.
—filmje a mozigéphez.
—FILM-yeh aw MO-zi-GAYP-hehz.

1518. What is the charge [for developing a roll]?
Mennyibe kerül [egy tekercset előhívatni]?
*MEHNY-nyi-beh KEH-rül [ehdy TEH-kehr-cheht
EH-löh-HEE-vawt-ni]?*

1519. —for enlarging.
—megnagyíttatni.   —*MEHG-naw-dyeet-tawt-ni.*

1520. —for one print.
—egy másolat.   —*ehdy MAH-sho-lawt.*

1521. May I take a photo of you?
Megengedi, hogy lefényképezzem?
MEHG-ehn-geh-di, hody LEH-fayny-kay-pehz-zehm?

1522. Would you take a photo of me, please?
Megkérhetném, hogy csináljon egy fényképet rólam?
*MEHK-kayr-heht-naym, hody CHI-nahy-yon ehdy
FAYNY-kay-peht ROH-lawm?*

1523. A color print.
Színes másolat.   *SEE-nehsh MAH-sho-lawt.*

1524. Flashbulb.
Villanófénykörte.   *VIL-law-noh-fayny-KÖR-teh.*

1525. The lens.   A lencse.   *aw LEHN-cheh.*

1526. The negative.   A negatív.   *aw NEH-gaw-teev.*

1527. The shutter.   A zár.   *aw zahr.*

1528. A transparency (OR: **slide**).   Dia.   *DI-aw.*

1529. A tripod.
Fényképezőgép-állvány.
FAYNY-kay-peh-zöh-gayp-AHL-vahny.

See also "Repairs and Adjustments," p. 116.

GIFT AND SOUVENIR LIST

1530. Basket.   Kosár.   *KO-shahr.*

1531. A box of candy.
Egy doboz édesség.   *ehdy DO-boz AY-dehsh-shayg.*

1532. Doll. Baba. *BAW-baw.*

1533. Embroidery. Hímzés. *HEEM-zaysh.*

1534. Handicrafts.
Iparművészet. *I-pawr-MÜH-vay-seht.*

1535. Jewelry. Ékszer. *AYK-sehr.*

1536. Lace. Csipke. *CHIP-keh.*

1537. Needlework. Varrottas. *VAWR-rot-tawsh.*

1538. Penknife. Bicska. *BICH-kaw.*

1539. Perfume. Parfüm. *PAWR-füm.*

1540. Phonograph records.
Hanglemezek. *HAWNG-leh-meh-zehk.*

1541. Pottery. Fazekasáru. *FAW-zeh-kawsh-AH-roo.*

1542. Precious stone. Drágakő. *DRAH-gaw-köh.*

1543. Print (graphic).
Grafikai nyomat. *GRAW-fi-kaw-i NYO-mawt.*

1544. Reproduction (of painting, etc.).
Másolat. *MAH-sho-lawt.*

1545. Souvenir. Emléktárgy. *EHM-layk-tahrdy.*

1546. Toys. Játékok. *YAH-tay-kok.*

CIGAR STORE

1547. Where is the nearest cigar store?
Hol van a legközelebbi trafik?
hol vawn aw LEHK-kö-zeh-lehb-bi TRAW-fik?

1548. I want some cigars.
Egy pár szivart akarok.
ehdy pahr SI-vawrt AW-kaw-rok.

1549. What brands of American cigarettes [with menthol] do you have?

Milyen fajta [mentolos] amerikai cigarettája van?

MI-yehn FAWY-taw [MEHN-to-losh] AW-meh-ri-kaw-i TSI-gaw-reht-tah-yaw vawn?

1550. I'd like a pack of [king-size cigarettes].

Egy csomag [extra hosszú (OR: king-size) cigarettát] szeretnék.

ehdy CHO-mawg [EKS-traw HOS-sooh (OR: "king-size") TSI-gaw-reht-taht] SEH-reht-nayk.

1551. —filter-tip cigarettes.

—szűrős (OR: filteres) cigarettát.

—SÜH-röhsh (OR: FIL-teh-rehsh) TSI-gaw-reht-taht.

1552. I need a lighter.

Öngyújtóra van szükségem.

ÖN-dyoohy-toh-raw vawn SÜK-shay-gehm.

1553. Lighter fluid.   Benzin.   *BEHN-zin.*

1554. Flint.   Tűzkő.   *TÜHS-köh.*

1555. Matches.   Gyufa.   *DYOO-faw.*

1556. A pipe.   Pipa.   *PI-paw.*

1557. Pipe cleaners.   Pipatisztító.   *PI-paw-TIS-tee-toh.*

1558. Pipe tobacco.   Pipadohány.   *PI-paw-DO-hahny.*

1559. Tobacco pouch.

Dohányzacskó.   *DO-hahny-ZAWCH-koh.*

LAUNDRY AND DRY CLEANING

1560. Where can I take my laundry to be washed?

Hova vihetem a szennyesemet kimosatni?

HO-vaw VI-heh-tehm aw SEHNY-nyeh-sheh-meht KI-mo-shawt-ni?

1561. Is there a dry-cleaning service near here?
Van a közelben egy vegytisztító?
vawn aw KÖ-zehl-behn ehdy VEHTY-tis-tee-toh?

1562. Wash this blouse [in hot water].
Mossa ezt a blúzt [forró vízben].
MOSH-shaw ehst aw bloohst [FOR-roh VEEZ-behn].

1563. —in warm water.
—meleg vízben.   —*MEH-lehg VEEZ-behn.*

1569. —in lukewarm water.
—langyos vízben.   —*LAWN-dyosh VEEZ-behn.*

1565. —in cold water.
—hideg vízben.   —*HI-dehg VEEZ-behn.*

1566. No starch, please.
Ne keményítse, kérem.
neh KEH-may-nyee-cheh, KAY-rehm.

1567. Remove the stain [from this shirt].
Vegye ki a foltot [ebből az ingből].
VEH-dyeh ki aw FOL-tot [EHB-böhl awz ING-böhl].

1568. Press [the trousers].
Vasalja ki [a nadrágot].
VAW-shawy-yaw ki [aw NAWD-rah-got].

1569. Starch [the collar].
Keményítse a gallért.
KEH-may-nyee-cheh aw GAWL-layrt.

1570. Dry-clean [this coat].
Tisztítsa ki [ezt a kabátot].
TIS-tee-chaw ki [ehst aw KAW-bah-tot].

1571. [The belt] is missing.
[Az öv] hiányzik.   *[awz öv] HI-ahny-zik.*

1572. Sew on [this button].
Varrja fel [ezt a gombot].
VAWRR-yaw fehl [ehst aw GOM-bot].
See also "Repairs and Adjustments."

REPAIRS AND ADJUSTMENTS

1573. This does not work.
Ez nem működik.   *ehz nehm MÜH-kö-dik.*

1574. This watch [is fast] [is slow].
Ez az óra [siet] [késik].
ehz awz OH-raw [SHI-eht] [KAY-shik].

1595. [My glasses] are broken.
[A szemüvegem] el van törve.
[aw SEHM-ü-veh-gehm] ehl vawn TÖR-veh.

1576. It is torn.
El van szakadva.   *ehl vawn SAW-kawd-vaw.*

1577. Where can I get it repaired?
Hol tudom megjavíttatni?
hol TOO-dom MEHG-yaw-veet-tawt-ni?

1578. Fix [this lock].
Javítsa meg [ezt a zárat].
YAW-vee-chaw mehg [ehst aw ZAH-rawt].

1579. Fix [the sole].
Javítsa meg [a talpát].
YAW-vee-chaw mehg [aw TAWL-paht].

1580. —the heel.   —a sarkát.   *—aw SHAWR-kaht.*

1581. —the uppers.
—a felsőrészét.   *—aw FEHL-shöh-RAY-sayt.*

1582. —the strap. —a szíját. —*aw SEE-yaht.*

1583. Adjust [this hearing aid].
Igazítsa be ezt a hallókészüléket.
I-gaw-zee-chaw beh ehst aw HAWL-loh-KAY-sü-lay-keht.

1584. Lengthen [this skirt].
Hosszabbítsa meg [ezt a szoknyát].
HOS-sawb-bee-chaw mehg [ehst aw SOK-nyaht].

1585. Shorten [the sleeves].
Rövidítse meg [az ujjakat].
RÖ-vi-dee-cheh mehg [awz UY-yaw-kawt].

1586. Replace [the lining].
Tegyen új [bélést] bele.
TEH-dyehn oohy [BAY-laysht] BEH-leh.

1587. Mend [the pocket].
Javítsa meg [a zsebét].
YAW-vee-chaw mehg [aw ZHEH-bayt].

1588. Fasten it together.
Erősítse össze. *EH-röh-shee-cheh ÖS-seh.*

1589. Clean [the mechanism].
Tisztítsa meg [a szerkezetét].
TIS-tee-chaw mehg [aw SEHR-keh-zeh-tayt].

1590. Lubricate [the spring].
Olajozza meg [a rugóját].
O-law-yoz-zaw mehg [aw ROO-goh-yaht].

1591. Needle. Tű. *tüh.*

1592. Scissors. Olló. *OL-loh.*

1593. Thimble. Gyűszű. *DYÜH-süh.*

1594. Thread. Cérna. *TSAYR-naw.*

BARBER SHOP

1595. A haircut, please.
Hajvágást kérek. *HAWY-vah-gahsht KAY-rehk.*

1596. Just a trim.
Csak igazítást. *chawk I-gaw-zee-tahsht.*

1597. A shave. Borotválást. *BO-rot-vah-lahsht.*

1598. A shoeshine.
Cipőtisztítást. *TSI-pöh-TIS-tee-tahsht.*

1599. Don't cut much [off the top].
Ne vágjon le sokat [felül].
neh VAHG-yon leh SHO-kawt [FEH-lül].

1600. —on the sides. —oldalt. *—OL-dawlt.*

1601. I want to keep my hair long.
Hosszúnak akarom megtartani a hajamat.
HOS-sooh-nawk AW-kaw-rom MEHK-tawr-taw-ni aw HAW-yaw-mawt.

1602. I part my hair [on this side].
[Ezen az oldalon] választom el a hajamat.
[EH-zehn awz OL-daw-lon] VAH-laws-tom ehl aw HAW-yaw-mawt.

1603. —on the other side.
A másik oldalon —. *aw MAH-shik OL-daw-lon —.*

1604. —in the middle. Középen —. *KÖ-zay-pehn —.*

1605. No hair tonic.
Hajvíz nélkül. *HAWY-veez NAYL-kül.*

1606. Trim [my mustache].
Nyírja meg [a bajuszomat].
NYEER-yaw mehg [aw BAW-yoo-so-mawt].

1607. —my eyebrows.
—szemöldökömet. *—SEHM-öl-dö-kö-meht.*

1608. —my beard.
—szakállamat.   —*SAW-kahl-law-mawt.*

1609. —my sideburns.
—pofaszakállamat.   —*PO-faw-SAW-kahl-law-mawt.*

BEAUTY PARLOR

1610. Can I make an appointment for [Monday afternoon]?
Bejelenthetem magamat [hétfő délután]ra?
BEH-yeh-lehnt-heh-tehm MAW-gaw-mawt [HAYT-föh DAYL-oo-tahn]-raw?

1611. Comb my hair.
Fésülje meg a hajamat.
FAY-shüy-yeh mehg aw HAW-yaw-mawt.

1612. Wash my hair.
Mossa meg a hajamat.
MOSH-shaw mehg aw HAW-yaw-mawt.

1613. Shampoo and set, please.
Egy mosást és berakást kérek.
ehdy MO-shahsht aysh BEH-raw-kahsht KAY-rehk.

1614. Not too short.
Ne túl rövidre.   *neh toohl RÖ-vid-reh.*

1615. In this style, please.
E szerint a fazon szerint.
eh SEH-rint aw FAW-zon SEH-rint.

1616. Dye my hair [in this shade].
Fesse be a hajamat [ebben az árnyalatban].
FEHSH-sheh beh aw HAW-yaw-mawt [EHB-behn awz AHR-nyaw-lawd-bawn].

1617. Clean and set this wig.
Tisztítsa ki és rakja be ezt a parókát.
TIS-tee-chaw ki aysh RAWK-yaw beh ehst aw PAW-roh-kaht.

1618. A curl. Hajfürt. *HAWY-fürt.*

1619. A facial. Arckezelés. *AWRTS-keh-zeh-laysh.*

1620. A hairpiece. Póthaj. *POHT-hawy.*

1621. Hair rinse.
Színes öblítőszer. *SEE-nehsh ÖB-lee-töh-sehr.*

1622. A manicure. Manikűr. *MAW-ni-kühr.*

1623. A massage. Masszázs. *MAWS-sahzh.*

1624. A permanent wave.
Tartós hullám. *TAWR-tohsh HOOL-lahm.*

STORES AND SERVICES

1625. Antique shop.
Régiségkereskedés.
RAY-gi-shayk-KEH-rehsh-keh-daysh.

1626. Art gallery. Képtár. *KAYP-tahr.*

1627. Artist's materials.
Festőárúkereskedés.
FEHSH-töh-AH-rooh-KEH-rehsh-keh-daysh.

1628. Auto rental.
Gépkocsikölcsönző. *GAYP-ko-chi-KÖL-chön-zöh.*

1629. Auto repairs
Javítóműhely. *YAW-vee-toh-MÜH-hehy.*

1630. Bakery. Pék. *payk.*

1631. Bank. Bank. *bawnk.*

1632. Bar. Bár. *bahr.*

1633. Barber. Borbély. *BOR-bayy.*

1634. Beauty salon.
Kozmetikai szalon. *KOZ-meh-ti-kaw-i SAW-lon.*

1635. Bookshop. Könyvesbolt. *KÖNY-vehzh-bolt.*

1636. Butcher. Mészáros. *MAY-sah-rosh.*

1637. Candy shop. Édességbolt. *AY-dehsh-shayg-bolt.*

1638. Checkroom. Ruhatár. *ROO-haw-tahr.*

1639. Cigar store.
Trafik (OR: Dohánybolt).
TRAW-fik (OR: *DO-hahny-bolt*).

1640. Clothing store. Ruhaüzlet. *ROO-haw-ÜZ-leht.*

1641. Children's clothing store. Gyermekruhaüzlet.
DYEHR-mehk-ROO-haw-ÜZ-leht.

1642. Men's clothing store.
Férfiruhaüzlet. *FAYR-fi-ROO-haw-ÜZ-leht.*

1643. Ladies' clothing store.
Női ruhaüzlet. *NÖH-i ROO-haw-ÜZ-leht.*

1644. Cosmetics.
Piperecikkek. *PI-peh-reh-TSIK-kehk.*

1645. Dance studio.
Tánciskola. *TAHNTS-ish-ko-law.*

1646. Delicatessen. Csemege. *CHEH-meh-geh.*

1647. Dentist. Fogorvos. *FOG-or-vosh.*

1648. Department store. Áruház. *AH-roo-hahz.*

1649. Dressmaker. Női szabó. *NÖH-i SAW-boh.*

1650. Drugstore (OR: **Pharmacy**).
Gyógyszertár (OR: Patika).
DYOHDY-sehr-tahr (OR: *PAW-ti-kaw*).

1651. Drycleaners. Vegytisztító. *VEHDY-tis-tee-toh.*

1652. Electrical supplies.
Villanyüzlet. *VIL-lawny-ÜZ-leht.*

1653. Employment agency.
Munkaközvetítő hivatal.
MOON-kaw-KÖZ-veh-tee-töh HI-vaw-tawl.

1654. Florist. Virágüzlet. *VI-rahg-ÜZ-leht.*

1655. Fruit store. Gyümölcsbolt. *DYÜ-mölj-bolt.*

1656. Funeral parlor. Temetkezési vállalat.
TEH-meht-keh-zay-shi VAHL-law-lawt.

1657. Furniture store. Bútorüzlet. *BOOH-tor-ÜZ-leht.*

1658. Gift store. Ajándékbolt. *AW-yahn-dayg-bolt.*

1659. Grocery. Közért. *KÖ-zayrt.*

1660. Ladies' hairdresser.
Női fodrász. *NÖH-i FO-drahs.*

1661. Men's hairdresser.
Férfifodrász. *FAYR-fi-FO-drahs.*

1662. Hardware store.
Vaskereskedés. *VAWSH-keh-rehsh-keh-daysh.*

1663. Hat shop.
Férfikalap üzlet. *FAYR-fi-KAW-lawp ÜZ-leht.*

1664. Housewares.
Háztartási bolt. *HAHS-tawr-tah-shi bolt.*

1665. Jewelry store. Ékszerész. *AYK-seh-rays.*

1666. Lawyer. Ügyvéd. *ÜDY-vayd.*

1667. Laundry. Mosoda. *MO-sho-daw.*

1668. Loans. Kölcsön. *KÖL-chön.*

1669. Lumberyard. Fatelep. *FAW-teh-lehp.*

1670. Market. Piac. *PI-awts.*

1671. Milliner.
Női kalapüzlet. *NÖH-i KAW-lawp-ÜZ-leht.*

1672. Money exchange.
Pénzváltó. *PAYNZ-vahl-toh.*

1673. Music store. Zeneműbolt. *ZEH-neh-müh-bolt.*

1674. Musical instruments.
Hangszerek. *HAWNK-seh-rehk.*

1675. Newsstand.
Újságárusbódé. *OOHY-shahg-AH-roosh-BOH-day.*

1676. Paints. Festékek. *FEHSH-tay-kehk.*

1677. Pastry shop. Cukrászda. *TSOOK-rahz-daw.*

1678. Pet shop.
Állatkereskedés. *AHL-lawt-KEH-rehsh-keh-daysh.*

1679. Photographer. Fényképész. *FAYNY-kay-pays.*

1680. Printing. Nyomda. *NYOM-daw.*

1681. Real estate office.
Ingatlanforgalmi iroda.
IN-gawt-lawn-FOR-gawl-mi I-ro-daw.

1682. Sewing machine. Varrógép. *VAWR-roh-gayp.*

1683. Shoemaker. Cipész. *TSI-pays.*

1684. Shoe store. Cipőüzlet. *TSI-pöh-ÜZ-leht.*

1685. Sightseeing. Városnézés. *VAH-rosh-NAY-zaysh.*

1686. Sign painter.
Plakátfestő. *PLAW-kaht-FEHSH-töh.*

1687. Sporting goods. Sportbolt. *SHPORD-bolt.*

1688. Stockbroker.
Tőzsdeügynök. *TÖHZH-deh-ÜDY-nök.*

1689. Supermarket.
ABC-áruház. *AH-BAY-TSAY-AH-roo-hahz.*

1690. Tailor. Szabó. *SAW-boh.*

1691. Toy shop. Játékbolt. *YAH-tayg-bolt.*

1692. Trucking. Teherfuvar. *TEH-hehr-FOO-vawr.*

1693. Upholsterer. Kárpitos. *KAHR-pi-tosh.*

1694. Used cars.
Használt kocsik. *HAWS-nahlt KO-chik.*

1695. Vegetable store (OR: Greengrocer).
Zöldségbolt. *ZÖLT-tshayk-bolt.*

1696. Watchmaker. Órás. *OH-rahsh.*

1697. Wines and liquors. Italbolt. *I-tawl-bolt.*

BABY CARE

1698. I need a reliable babysitter tonight [at 7 o'clock].
Egy megbízható pótmamára van szükségem ma este
[hétre].
*ehdy MEHG-bees-haw-toh POHT-maw-mah-raw vawn
SÜK-shay-gehm maw EHSH-teh [HAYT-reh].*

1699. Call a pediatrician immediately.
Hívjon azonnal gyermekorvost.
HEEV-yon AW-zon-nawl DYEHR-mehk-OR-vosht.

1700. Feed the baby.
Etesse meg a kisbabát.
EH-tehsh-sheh mehg aw KIZH-baw-baht.

1701. Change the diaper.
Cserélje meg a pelenkát.
CHEH-rayy-yeh mehg aw PEH-lehn-kaht.

1702. Bathe the baby.
Fürdesse meg a kisbabát.
FÜR-dehsh-sheh mehg aw KIZH-baw-baht.

1703. Put the baby in the crib for a nap.
Fektesse a kisbabát a bölcsőbe, hogy aludjék.
FEHK-tehsh-sheh aw KISH-baw-baht aw BÖL-chöh-beh,
hody AW-loody-dyayk.

1704. Give the baby a pacifier if he cries.
Adjon cuclit a bébinek, ha sír.
AWDY-dyon TSOOTS-lit aw BAY-bi-nehk, haw sheer.

1705. Do you have an ointment for diaper rash?
Van pelenkakiütés elleni kenőcse?
vawn PEH-lehn-kaw-KI-ü-taysh EHL-leh-ni
KEH-nöh-cheh?

1706. Take the baby to the park [in the carriage].
Vigye a kisbabát a parkba [a gyerekkocsiban].
VI-dyeh aw KIZH-baw-baht aw PARG-baw [aw
DYEH-rehk-KO-chi-bawn].

1707. —in the stroller.
—az összecsukható gyerekkocsiban.
—awz ÖS-seh-chook-haw-toh DYEH-rehk-KO-chi-bawn

1708. Baby (OR: strained) food.
Bébitápszer. *BAY-bi-TAHP-sehr.*

1709. Baby powder.
Babahintőpor. *BAW-baw-HIN-töh-por.*

1710. Bib. Előke. *EH-löh-keh.*

1711. Colic. Kólika. *KOH-li-kaw.*

1712. Disposable diapers.
Papírpelenkák. *PAW-peer-PEH-lehn-kahk.*

1713. High chair. Babaszék. *BAW-baw-sayk.*

1714. Nursemaid. Gyereklány. *DYEH-rehk-lahny.*

1715. Playground. Játszótér. *YAHT-soh-tayr.*

1716. Playpen. Járóka. *YAH-roh-kaw.*

1717. Rattle. Csörgő. *CHÖR-göh.*

1718. Stuffed toy.
Kitömött játék. *KI-tö-möt YAH-tayk.*

HEALTH AND ILLNESS

1719. Is the doctor [at home] [in his office]?
[Otthon] [A rendelőjében] van az orvos?
[OTT-hon] [aw REHN-deh-löh-yay-behn] vawn awz OR-vosh?

1720. What are his office hours?
Mikor rendel? *MI-kor REHN-dehl?*

1721. Take my temperature.
Mérje meg a lázamat.
MAYR-yeh mehg aw LAH-zaw-mawt.

1722. I have something [in my eye].
Valami van [a szememben].
VAW-law-mi vawn [aw SEH-mehm-behn].

1723. I have a pain [in my back].
Fáj [a hátam]. *fahy [aw HAH-tawm].*

1724. [My toe] is swollen.
Meg van dagadva [a lábujjam].
mehg vawn DAW-gawd-vaw [aw LAHB-ooy-yawm].

1725. It is sensitive to pressure.
Nyomásra érzékeny. *NYO-mahsh-raw AYR-zay-kehny.*

1726. Is it serious?
Komoly a dolog? *KO-moy aw DO-log?*

1727. I do not sleep well.
Nem alszom jól.   *nehm AWL-som yohl.*

1728. I have no appetite.
Nincs étvágyam.   *ninch AYT-vah-dyawm.*

1729. Can you give me something to relieve the pain?
Tudna adni valamit a fájdalom ellen?
TOOD-naw AWD-ni VAW-law-mit aw FAHY-daw-lom EHL-lehn?

1730. I am allergic [to penicillin].
[Penicillinre] allergikus vagyok.
[PEH-ni-tsil-lin-reh] AWL-lehr-gi-koosh VAW-dyok.

1731. Where should I have this prescription filled?
Hol váltsam be ezt a receptet?
hol VAHL-chawm beh ehst aw REH-tsehp-teht?

1732. Do I have to go to [a hospital]?
Kórházba kell mennem?
KOHR-hahz-baw kehl MEHN-nehm?

1733. Is surgery required?
Szükség van műtétre?   *SÜK-shayg vawn MÜH-tayt-reh?*

1734. Do I have to stay in bed?
Ágyban kell maradnom?
AHDY-bawn kehl MAW-rawd-nom?

1735. When will I begin to feel better?
Mikor fogom megint jobban érezni magam?
MI-kor FO-gom MEH-gint YOB-bawn AY-rehz-ni MAW-gawm?

1736. Is it contagious?   Ragályos?   *RAW-gah-yosh?*

1737. I feel [better].
[Jobban] érzem magam.
[YOB-bawn] AYR-zehm MAW-gawm.

1738. —worse.   Rosszabbul —.   *ROS-sawb-bool —.*

1739. —about the same.
Körülbelül ugyanúgy —.
KÖ-rül-beh-lül OO-dyawn-OOHDY —.

1740. Shall I keep it bandaged?
Tartsam kötésben? *TAWR-chawm KÖ-taysh-behn?*

1741. Can I travel [on Monday]?
Utazhatom [hétfőn]? *OO-taws-haw-tom [HAYT-föhn]?*

1742. When will you come again?
Mikor jön megint? *MI-kor yön MEH-gint?*

1743. When should I take [the medicine]?
Mikor vegyem be [az orvosságot]?
MI-kor VEH-dyehm beh [awz OR-vosh-shah-got]?

1744. —the pills.
—a tablettákat. *—aw TAWB-leht-tah-kawt.*

1745. When should I take the injections?
Mikor használjam az injekciókat?
MI-kor HAWS-nahl-yawm awz IN-yehk-tsi-oh-kawt?

1746. Every hour. Óránként. *OH-rahn-kaynt.*

1747. [Before] [after] meals.
Étkezés [előtt] [után].
AYT-keh-zaysh [EH-löhtt] [OO-tahn].

1748. On going to bed.
Lefekvéskor. *LEH-fehk-vaysh-kor.*

1749. On getting up.
Felkeléskor. *FEHL-keh-laysh-kor.*

1750. Twice a day.
Naponta kétszer. *NAW-pon-taw KAYT-tsehr.*

1751. An anesthetic.
Érzéstelenítő. *AYR-zaysh-teh-leh-nee-töh.*

1752. Convalescence. Lábadozás. *LAH-baw-do-zahsh.*

1753. Cure. Gyógymód. *DYOHDY-mohd.*

1754. Diet. Diéta. *DI-ay-taw.*

1755. A drop. Egy csepp. *ehdy chehpp.*

1756. Oculist. Szemorvos. *SEHM-or-vosh.*

1757. An orthopedist.
Ortopéd orvos. *OR-to-payd OR-vosh.*

1758. Remedy. Gyógyszer. *DYOHT-tsehr.*

1759. A specialist. Szakorvos. *SAWK-or-vosh.*

1760. A surgeon. Sebész. *SHEH-bays.*

1761. Treatment. Kezelés. *KEH-zeh-laysh.*

1762. X-ray. Röntgen. *RÖND-gehn.*

AILMENTS

1763. An abscess. Tályog. *TAH-yog.*

1764. An allergy. Allergia. *AWL-lehr-gi-aw.*

1765. An appendicitis attack.
Vakbélgyulladás. *VAWG-bayl-DYOOL-law-dahsh.*

1766. An insect bite.
Rovarcsípés. *RO-vawr-CHEE-paysh.*

1767. A blister. Hólyag. *HOH-yawg.*

1768. A boil. Furunkulus. *FOO-roon-koo-loosh.*

1769. A bruise. Horzsolás. *HOR-zho-lahsh.*

1770. A burn. Égési seb. *AY-gay-shi shehb.*

1771. Chicken pox.
Bárányhimlő. *BAH-rahny-HIM-löh.*

1772. A chill. Hideglelés. *HI-dehg-LEH-laysh.*

1773. A cold. Nátha. *NAHT-haw.*

1774. Constipation.
Székrekedés. *SAYK-reh-keh-daysh.*

1775. A corn. Tyúkszem. *TYOOHK-sehm.*

1776. A cough. Köhögés. *KÖ-hö-gaysh.*

1777. A cramp. Görcs. *görch.*

1778. A cut. Vágás. *VAH-gahsh.*

1779. Diarrhea. Hasmenés. *HAWSH-meh-naysh.*

1780. Dysentery. Vérhas. *VAYR-hawsh.*

1781. An earache. Fülfájás. *FÜL-fah-yahsh.*

1782. An epidemic. Járvány. *YAHR-vahny.*

1783. I feel faint.
Bágyadtnak érzem magam.
BAH-dyat-nawk AYR-zehm MAW-gawm.

1784. A fever. Láz. *lahz.*

1785. A fracture. Törés. *TÖ-raysh.*

1786. Hay fever. Szénaláz. *SAY-naw-lahz.*

1787. Headache. Fejfájás. *FEHY-fah-yahsh.*

1788. Indigestion.
Emésztési zavar. *EH-mays-tay-shi ZAW-vawr.*

1789. Infection. Fertőzés. *FEHR-töh-zaysh.*

1790. Inflammation. Gyulladás. *DYOOL-law-dahsh.*

1791. Influenza. Influenza. *IN-floo-ehn-zaw.*

1792. Insomnia. Álmatlanság. *AHL-mawt-lawn-shahg.*

1793. Measles. Kanyaró. *KAW-nyaw-roh.*

1794. German measles. Rubeola. *ROO-beh-o-law.*

1795. Mumps. Mumpsz. *moomps.*

1796. Nausea. Hányinger. *HAHNY-in-gehr.*

1797. Nosebleed. Orrvérzés. *OR-vayr-zaysh.*

1798. Pneumonia.
Tüdőgyulladás. *TÜ-döh-DYOOL-law-dahsh.*

1799. Poisoning. Mérgezés. *MAYR-geh-zaysh.*

1800. A sore throat. Torokfájás. *TO-rok-FAH-yahsh.*

1801. A sprain. Ficam. *FI-tsawm.*

1802. A bee sting. Méhcsípés. *MAYH-chee-paysh.*

1803. A wasp sting.
Darázscsípés. *DAW-rahsh-CHEE-paysh.*

1804. A sunburn. Leégés. *LEH-ay-gaysh.*

1805. A swelling. Daganat. *DAW-gaw-nawt.*

1806. Tonsillitis.
Mandulagyulladás.
MAWN-doo-law-DYOOL-law-dahsh.

1807. To vomit. Hányni. *HAHNY-ni.*

1808. A drop. Csepp. *chehpp.*

See also "Accidents," "Parts of the Body" and
"Drugstore."

DENTIST

1809. Can you recommend [a good dentist]?
Tud ajánlani [egy jó fogorvost]?
tood AW-yah-law-ni [ehdy yoh FOG-or-vosht]?
1810. I have lost a filling.
Kiesett egy tömésem. *KI-eh-shehtt ehdy TÖ-may-shehm.*

1811. Can you replace the filling?
Tudna nekem egy új tömést csinálni?
TOOD-naw NEH-kehm ehdydy oohy TÖ-maysht CHI-nahl-ni?

1812. Can you fix [the bridge]?
Meg tudná javítani [a hidat]?
mehg TOOD-nah YAW-vee-taw-ni [aw HI-dawt]?

1813. —this denture.
—ezt a fogsort.   *—ehst aw FOK-short.*

1814. I have a toothache.
Fáj a fogam.   *fahy aw FO-gawm.*

1815. This tooth hurts me.
Ez a fogam fáj.   *ehz aw FO-gawm fahy.*

1816. My gums are sore.
Fáj a foghúsom.   *fahy aw FOK-hooh-shom.*

1817. I have a broken tooth.
Eltört egy fogam.   *EHL-tört ehdy FO-gawm.*

1818. I have a cavity.
Egy lyukas fogam van.
ehdy YOO-kawsh FO-gawm vawn.

1819. Please give me a general anesthetic.
Altasson.   *AWL-tawsh-shon.*

1820. Please give me a local anesthetic.
Adjon helyi érzéstelenítést.
AWDY-dyon HEH-yi AYR-zaysh-teh-leh-nee-taysht.

1821. I want the tooth extracted.
Azt akarom, hogy kihúzza a fogamat.
awst AW-kaw-rom, hody KI-hoohz-zaw aw FO-gaw-mawt.

1822. I do not want the tooth extracted.
Nem akarom, hogy kihúzza a fogamat.
nehm AW-kaw-rom, hody KI-hoohz-zaw aw
FO-gaw-mawt.

1823. A temporary filling.
Ideiglenes tömés. *I-deh-ig-leh-nehsh TÖ-maysh.*

ACCIDENTS

1824. There has been an accident.
Baleset történt. *BAWL-eh-sheht TÖR-taynt.*

1825. Call [a doctor] immediately.
Hívjon azonnal [orvost].
HEEV-yon AW-zon-nawl [OR-vosht].

1826. —an ambulance.
—mentőautót. *—MEHN-töh-AWOO-toht.*

1827. —a nurse (M./F.).
—ápolót/ápolónőt. *—AH-po-loht/AH-po-loh-nöht.*

1828. —a policeman. —rendőrt. *—REHND-öhrt.*

1829. He has fallen. Elesett. *EHL-eh-shehtt.*

1830. She has fainted. Elájult. *EHL-ah-yoolt.*

1831. Do not move her/him.
Ne mozdítsa meg. *neh MOZ-dee-chaw mehg.*

1832. [My finger] is bleeding.
[Az ujjam] vérzik. *[awz OOY-yawm] VAYR-zik.*

1833. A fracture [of the arm].
[Kar]törés. *[kawr]-TÖ-raysh.*

1834. I want to rest.
Pihenni akarok. *PI-hehn-ni AW-kaw-rok.*

1835. I want to sit down.
Le akarok ülni. *leh AW-kaw-rok ÜL-ni.*

1836. I want to lie down.
Le akarok feküdni. *leh AW-kaw-rok FEH-küd-ni.*

1837. Notify [my husband].
Értesítse [a férjemet].
AYR-teh-shee-cheh [aw FAYR-yeh-meht].

1838. A tourniquet. Érszorító. *AYR-so-ree-toh.*

PARTS OF THE BODY

1839. Ankle. Boka. *BO-kaw.*

1840. Appendix. Vakbél. *VAWG-bayl.*

1841. Arm. Kar. *kawr.*

1842. Armpit. Hónalj. *HOHN-awyy.*

1843. Artery. Ütőér. *Ü-töh-ayr.*

1844. Back. Hát. *haht.*

1845. Belly. Has. *hawsh.*

1846. Blood. Vér. *vayr.*

1847. Blood vessel. Ér. *ayr.*

1848. Body. Test. *tehsht.*

1849. Bone. Csont. *chont.*

1850. Bowel. Bél. *bayl.*

1851. Brain. Agy. *awdy.*

1852. Breast. Mell. *mehll.*

1853. Calf. Lábikra. *LAHB-ik-raw.*

1854. Cheek. Orca. *OR-tsaw.*

1855. Chest. Mellkas. *MEHL-kawsh.*

1856. Chin. Áll. *ahll.*

1857. Collarbone. Kulcscsont. *KOOLCH-chont.*

1858. Ear. Fül. *fül.*

1859. Elbow. Könyök. *KÖ-nyök.*

1860. Eye. Szem. *sehm.*

1861. Eyelashes. Szempilla. *SEHM-pil-law.*

1862. Eyelid. Szemhéj. *SEHM-hayy.*

1863. Face. Arc. *awrts.*

1864. Finger. Ujj. *ooyy.*

1865. Fingernail. Köröm. *KÖ-röm.*

1866. Foot. Láb (OR: Lábfej). *lahb* (OR: *LAHP-fehy*).

1867. Forehead. Homlok. *HOM-lok.*

1868. Gall bladder. Epehólyag. *EH-peh-HOH-yawg.*

1869. Genitals. Nemiszervek. *NEH-mi-SEHR-vehk.*

1870. Glands. Mirigyek. *MI-ri-dyehk.*

1871. Gums. Foghús. *FOK-hoohsh.*

1872. Hair. Haj. *hawy.*

1873. Hand. Kéz. *kayz.*

1874. Head. Fej. *fehy.*

1875. Heart. Szív. *seev.*

1876. Heel. Sarok. *SHAW-rok.*

1877. Hip. Csípő. *CHEE-pöh.*

1878. Intestines. Belek. *BEH-lehk.*

1879. Jaw. Állkapocs. *AHL-kaw-poch.*

1880. Joint. Ízület. *EE-zü-leht.*

1881. Kidney. Vese. *VEH-sheh.*

1882. Knee. Térd. *tayrd.*

1883. Larynx. Gégefő. *GAY-geh-föh.*

1884. Leg. Láb (OR: Lábszár). *lahb* (OR: *LAHP-sahr*).

1885. Lip. Ajak. *AW-yawk.*

1886. Liver. Máj. *mahy.*

1887. Lungs. Tüdő. *TÜ-döh.*

1888. Mouth. Száj. *sahy.*

1889. Muscle. Izom. *I-zom.*

1890. Nail. Köröm. *KÖ-röm.*

1891. Navel. Köldök. *KÖL-dök.*

1892. Neck. Nyak. *nyawk.*

1893. Nerve. Ideg. *I-dehg.*

1894. Nose. Orr. *orr.*

1895. Pancreas.
Hasnyálmirigy. *HAWSH-nyahl-MI-ridy.*

1896. Rib. Borda. *BOR-daw.*

1897. Shoulder. Váll. *vahll.*

1898. Side. Oldal. *OL-dawl.*

1899. Skin. Bőr. *böhr.*

1900. Skull. Koponya. *KO-po-nyaw.*

1901. Spine. Hátgerinc. *HAHD-geh-rints.*

1902. Spleen. Lép. *layp.*

1903. Stomach. Gyomor. *DYO-mor.*

1904. Temple. Halánték. *HAW-lahn-tayk.*

1905. Thigh. Comb. *tsomb.*

1906. Throat. Torok. *TO-rok.*

1907. Thumb. Hüvelykujj. *HÜ-vehyk-ooyy.*

1908. Toe. Lábujj. *LAHB-ooyy.*

1909. Tongue. Nyelv. *nyehlv.*

1910. Tonsils. Mandulák. *MAWN-doo-lahk.*

1911. Vein. Véna. *VAY-naw.*

1912. Waist. Derék. *DEH-rayk.*

1913. Wrist. Csukló. *CHOOK-loh.*

TIME

1914. What time is it?
Hány óra van? *hahny OH-raw vawn?*

1915. Two A.M. Éjjel két óra. *AYY-yehl kayt OH-raw.*

1916. Two P.M.
Délután két óra. *DAYL-oo-tahn kayt OH-raw.*

1917. It is exactly half-past three (LIT.: **half of four).**
Pontosan fél négy. *PON-to-shawn fayl naydy.*

1918. Quarter-past four (LIT.: **Quarter of five).**
Negyed öt. *NEH-dyehd öt.*

1919. Quarter to five (LIT.: **Three quarters of five).**
Háromnegyed öt. *HAH-rom-NEH-dyehd öt.*

1920. At ten minutes to six.
Tíz perccel hat óra előtt.
teez PEHRTS-tsehl hawt OH-raw EH-löhtt.

1921. At twenty minutes past seven.
Hét óra húszkor. *hayt OH-raw HOOHS-kor.*

1922. It is early. Korán van. *KO-rahn vawn.*

1923. It is late. Késő van. *KAY-shöh vawn.*

1924. In the morning. Reggel. *REHG-gehl.*

1925. This afternoon.
Ma délután. *maw DAYL-oo-tahn.*

1926. Tomorrow. Holnap. *HOL-nawp.*

1927. Evening. Este. *EHSH-teh.*

1928. At noon. Délben. *DAYL-behn.*

1929. Midnight. Éjfél. *AYY-fayl.*

1930. During the day. Napközben. *NAWP-köz-behn.*

1931. Every night. Minden éjjel. *MIN-dehn AYY-yehl.*

1932. All night. Egész éjjel. *EH-gays AYY-yehl.*

1933. Since yesterday.
Tegnap óta. *TEHG-nawp OH-taw.*

1934. Today. Ma. *maw.*

1935. Tonight. Ma este. *maw EHSH-teh.*

1936. Last month.
A múlt hónapban. *aw moohlt HOH-nawb-bawn.*

1937. Last year. Tavaly. *TAW-vawy.*

1938. Next Sunday.
Jövő vasárnap. *YÖ-vöh VAW-shahr-nawp.*

1939. Next week. Jövő héten. *YÖ-vöh HAY-tehn.*

1940. The day before yesterday.
Tegnapelőtt. *TEHG-nawp-EH-löhtt.*

1941. The day after tomorrow.
Holnapután. *HOL-nawp-OO-tahn.*

1942. Two weeks ago.
Két héttel ezelőtt. *kayt HAYT-tehl EHZ-eh-löhtt.*

WEATHER

1943. How is the weather today?
Milyen ma az idő? *MI-yehn maw awz I-döh?*

1944. It looks like rain. Esőre áll. *EH-shöh-reh ahll.*

1945. It is [cold]. [Hideg] van. *[HI-dehg] vawn.*

1946. —fair. Szép idő —. *sayp I-döh —.*

1947. —warm. Meleg —. *MEH-lehg —.*

1948. —windy. Szeles idő —. *SEH-lehsh I-döh —.*

1949. The weather is clearing. Kiderül. *KI-deh-rül.*

1950. What a beautiful day!
Milyen szép nap! *MI-yehn sayp nawp!*

1951. I want to sit [in the shade].
[Az árnyékban] akarok ülni.
[awz AHR-nyayg-bawn] AW-kaw-rok ÜL-ni.

1952. —in the sun. A napon —. *aw NAW-pon —.*

1953. I want to sit where there is a breeze.
Ott akarok ülni, ahol szellő van.
ott AW-kaw-rok ÜL-ni, AW-hol SEHL-löh vawn.

1954. What is the weather forecast [for tomorrow]?
Mit jósol a meteorológia [holnapra]?
*mit YOH-shol aw MEH-teh-o-ro-loh-gi-aw
[HOL-nawp-raw]?*

1955. —for the weekend.
a hétvégére. *aw HAYT-vay-gay-reh.*

1956. It will snow tomorrow.
Holnap havazni fog. *HOL-nawp HAW-vawz-ni fog.*

DAYS OF THE WEEK

1957. Sunday. Vasárnap. *VAW-shahr-nawp.*

1958. Monday. Hétfő. *HAYT-föh.*

1959. Tuesday. Kedd. *kehdd.*

1960. Wednesday. Szerda. *SEHR-daw.*

1961. Thursday. Csütörtök. *CHÜ-tör-tök.*

1962. Friday. Péntek. *PAYN-tehk.*

1963. Saturday. Szombat. *SOM-bawt.*

HOLIDAYS

1964. A public holiday.
Hivatalos ünnepnap. *HI-vaw-taw-losh ÜN-nehp-nawp.*

1965. [Merry] Christmas!
[Kellemes] karácsonyi ünnepeket!
[KEHL-leh-mehsh] KAW-rah-cho-nyi ÜN-neh-peh-keht!

1966. Happy Easter!
Boldog húsvéti ünnepeket!
BOL-dog HOOHSH-vay-ti ÜN-neh-peh-keht!

1967. Happy New Year!
Boldog újévet! *BOL-dog OOHY-ay-veht!*

1968. Happy birthday!
Boldog születésnapot.
BOL-dog SÜ-leh-taysh-NAW-pot!

1969. Happy anniversary!
Boldog évfordulót! *BOL-dog AYF-FOR-doo-loht!*

1970. A religious holiday.
Vallásos ünnep(nap). *VAWL-lah-shosh ÜN-nehp(-nawp).*

DATES, MONTHS AND SEASONS

1971. January. Január. *YAW-noo-ahr.*

1972. February. Február. *FEHB-roo-ahr.*

1973. March. Március. *MAHR-tsi-oosh.*

1974. April. Április. *AHP-ri-lish.*

1975. May. Május. *MAH-yoosh.*

1976. June. Június. *YOOH-ni-oosh.*

1977. July. Július. *YOOH-li-oosh.*

1978. August. Augusztus. *AWOO-goos-toosh.*

1979. September. Szeptember. *SEHP-tehm-behr.*

1980. October. Október. *OK-toh-behr.*

1981. November. November. *NO-vehm-behr.*

1982. December. December. *DEH-tsehm-behr.*

1983. The spring. A tavasz. *aw TAW-vaws.*

1984. The summer. A nyár. *aw nyahr.*

1985. The autumn. Az ősz. *awz öhs.*

1986. The winter. A tél. *aw tayl.*

1987. Today is the 31st of May, 1982.
Ma ezerkilencszáznyolcvankettő május
   harmincegyedike van.
*maw EH-zehr-KI-lehnts-sahz-NYOLTS-vawn-keht-töh
   MAH-yoosh HAWR-mints-EHDY-dyeh-di-keh vawn.*

NUMBERS: CARDINALS

1988. Zero. Nulla. *NOOL-law.*

1989. One. Egy. *ehdydy.*

1990. Two. Kettő. *KEHT-töh.*

1991. Three. Három. *HAH-rom.*

1992. Four. Négy. *naydy.*

1993. Five. Öt. *öt.*

1994. Six. Hat. *hawt.*

1995. Seven. Hét. *hayt.*

1996. Eight. Nyolc. *nyolts.*

1997. Nine. Kilenc. *KI-lehnts.*

1998. Ten. Tíz. *teez.*

1999. Eleven. Tizenegy. *TI-zehn-EHDYDY.*

2000. Twelve. Tizenkettő. *TI-zehn-KEHT-töh.*

2001. Thirteen. Tizenhárom. *TI-zehn-HAH-rom.*

2002. Fourteen. Tizennégy. *TI-zehn-NAYDY.*

2003. Fifteen. Tizenöt. *TI-zehn-ÖT.*

2004. Sixteen. Tizenhat. *TI-zehn-HAWT.*

2005. Seventeen. Tizenhét. *TI-zehn-HAYT.*

2006. Eighteen. Tizennyolc. *TI-zehn-NYOLTS.*

2007. Nineteen. Tizenkilenc. *TI-zehn-KI-lehnts.*

2008. Twenty. Húsz. *hoohs.*

2009. Twenty-one. Huszonegy. *HOO-son-EHDYDY.*

2010. Twenty-five. Huszonöt. *HOO-son-ÖT.*

2011. Thirty. Harminc. *HAWR-mints.*

2012. Forty. Negyven. *NEHDY-vehn.*

2013. Fifty. Ötven. *ÖT-vehn.*

2014. Sixty. Hatvan. *HAWT-vawn.*

2015. Seventy. Hetven. *HEHT-vehn.*

2016. Eighty. Nyolcvan. *NYOLTS-vawn.*

2017. Ninety. Kilencven. *KI-lehnts-vehn.*

2018. One hundred. Száz. *sahz.*

2019. One hundred and one. Százegy. *SAHZ-ehdydy.*

2020. One hundred and ten. Száztíz. *sahs-teez.*

2021. One thousand. Ezer. *EH-zehr.*

2022. Two thousand. Kétezer. *KAYT-eh-zehr.*

2023. Three thousand.
Háromezer. *HAH-rom-EH-zehr.*

2024. Four thousand. Négyezer. *NAYDY-eh-zehr.*

2025. One hundred thousand.
Százezer. *SAHZ-eh-zehr.*

2026. One million. Millió. *MIL-li-oh.*

NUMBERS: ORDINALS

2027. First. Első. *EHL-shöh.*

2028. Second. Második. *MAH-sho-dik.*

2029. Third. Harmadik. *HAWR-maw-dik.*

2030. Fourth. Negyedik. *NEH-dyeh-dik.*

2031. Fifth. Ötödik. *Ö-tö-dik.*

2032. Sixth. Hatodik. *HAW-to-dik.*

2033. Seventh. Hetedik. *HEH-teh-dik.*

2034. Eighth. Nyolcadik. *NYOL-tsaw-dik.*

2035. Ninth. Kilencedik. *KI-lehn-tseh-dik.*

2036. Tenth. Tizedik. *TI-zeh-dik.*

2037. Eleventh.
Tizenegyedik. *TI-zehn-EHDY-dyeh-dik.*

2038. Twelfth. Tizenkettedik. *TI-zehn-KEHT-teh-dik.*

2039. Twentieth. Huszadik. *HOO-saw-dik.*

2040. Twenty-first.
Huszonegyedik. *HOO-son-EHDY-dyeh-dik.*

2041. Twenty-second.
Huszonkettedik. *HOO-son-KEHT-teh-dik.*

2042. Thirtieth. Harmincadik. *HAWR-min-tsaw-dik.*

2043. Hundredth. Századik. *SAH-zaw-dik.*

2044. Thousandth. Ezredik. *EHZ-reh-dik.*

2045. Millionth. Milliomodik. *MIL-li-o-mo-dik.*

QUANTITIES

2046. A fraction. Tört(szám). *TÖRT(-sahm).*

2047. One-quarter. Egy negyed. *ehdy NEH-dyehd.*

2048. One-third. Egy harmad. *ehdy HAWR-mawd.*

2049. One-half. (Egy) fél. *(ehdy) fayl.*

2050. Three-quarters.
Háromnegyed. *HAH-rom-NEH-dyehd.*

2051. The whole. Az egész. *awz EH-gays.*

2052. A few. Néhány. *NAY-hahny.*

2053. Several. Több. *több.*

2054. Many. Sok. *shok.*

FAMILY

2055. Wife. Feleség. *FEH-leh-shayg.*

2056. Husband. Férj. *fayrhy.*

2057. Mother. Anya. *AW-nyaw.*

2058. Father. Apa. *AW-paw.*

2059. Grandmother. Nagyanya. *NAWDY-aw-nyaw.*

2060. Grandfather. Nagyapa. *NAWDY-aw-paw.*

2061. Daughter. Lány. *lahny.*

2062. Son. Fiú. *FI-ooh.*

2063. Older sister. Nővér. *NÖH-vayr.*

2064. Younger sister. Húg. *hoohg.*

2065. Older brother. Bátya. *BAH-tyaw.*

2066. Younger brother. Öcs. *öch.*

2067. Aunt. Nagynéni. *NAWDY-nay-ni.*

2068. Uncle. Nagybácsi. *NAWDY-bah-chi.*

2069. Niece. Unokahúg. *OO-no-kaw-hoohg.*

2070. Nephew. Unokaöcs. *OO-no-kaw-öch.*

2071. Cousin.
Unokatestvér. *OO-no-kaw-TEHST-vayr.*

2072. Relative. Rokon. *RO-kon.*

2073. Father-in-law. Após. *AW-pohsh.*

2074. Mother-in-law. Anyós. *AW-nyohsh.*

2075. Adults. Felnőttek. *FEHL-nöht-tehk.*

2076. Children. Gyermekek. *DYEHR-meh-kehk.*

2077. Grandchildren. Unokák. *OO-no-kahk.*

COMMON SIGNS & PUBLIC NOTICES

This section is in Hungarian alphabetical order for ease of reference.

2078. Alkalmi vétel. *AWL-kawl-mi VAY-tehl.* Bargain.

2079. Állatkert. *AHL-lawt-kehrt.* Zoo.

2080. Az állatok etetése tilos.
awz AHL-law-tok EH-teh-tay-sheh TI-losh.
Do not feed the animals.

2081. Autóbuszmegálló.
AWOO-toh-boos-MEHG-ah-loh.
Bus stop.

2082. Balra. *BAWL-raw.* To the left.

2083. Bejárat. *BEH-yah-rawt.* Entrance.

2084. A belépés díjtalan.
aw BEH-lay-paysh DEEY-taw-lawn.
Admission free.

2085. Belépődij. *BEH-lay-pöh-deey.* Admission.

2086. Bemenet. *BEH-meh-neht.* Entrance.

2087. Bútorozott szobák kiadók.
BOOH-to-ro-zot SO-bahk KI-aw-dohk.
Furnished rooms for rent.

2088. Büfé. *BÜ-fay.* Refreshments.

2089. Csak alkalmazottak részére.
chawk AWL-kawl-maw-zot-tawk RAY-say-reh.
Employees only.

2090. [Csak] gyalogosok részére.
[chawk] DYAW-lo-go-shok RAY-say-reh.
Pedestrians [only].

2091. Csendet kérünk. *CHEHN-deht KAY-rünk.*
Quiet (OR: Silence).

2092. Csengetni. *CHEHN-geht-ni.* Ring the bell.

2093. Díjtalan. *DEEY-taw-lawn.* Free.

2094. Dohányzó kocsi. *DO-hahny-zoh KO-chi.*
Smoking car.

2095. Dohányzó szakasz. *DO-hahny-zoh SAW-kaws.*
Smoker.

2096. Ebéd. *EH-bayd.* Lunch.

2097. Ebédlő. *EH-bayd-löh.* Dining room.

2098. Eladó. *EHL-aw-doh.* For sale.

2099. Életveszélyes. *AY-leht-VEH-say-yehsh.*
Danger.

2100. Este nyolctól reggel kilencig zárva.
EHSH-teh NYOLTS-tohl REHG-gehl KI-lehn-tsig ZAHR-vaw.
Closed from 8 P.M. to 9 A.M.

2101. Étkezőkocsi. *AYT-keh-zöh-KO-chi.* Dining car.

2102. Étterem. *AYT-teh-rehm.* Diner.

2103. Falragasztás tilos.
FAWL-raw-gaws-tahsh TI-losh.
Post no bills.

2104. Fel. *fehl.* Up.

2105. Felvilágosítás. *FEHL-vi-lah-go-shee-tahsh.*
Information.

2106. Fent. *fehnt.* Up.

2107. Férfiak. *FAYR-fi-awk.* Men's room (LIT.: Men).

2108. Figyelmeztetés. *FI-dyehl-mehs-teh-taysh.*
Warning.

2109. Figyelmeztő feliratok.
FI-dyehl-mehs-töh FEHL-ir-aw-tok.
Notices.

2110. Foglalt. *Fog-lawlt.*
Engaged (OR: Occupied; Reserved).

2111. Folytatólagos előadás.
FOY-taw-toh-law-gosh EH-löh-AW-dahsh.
Continuous performance.

2112. Forró. *FOR-roh.* Hot.

2113. Frissen mázolva. *FRISH-shehn MAH-zol-vaw.*
Wet paint (LIT.: Freshly painted).

2114. Fűre lépni tilos. *FÜH-reh LAYP-ni TI-losh.*
Keep off the grass.

2115. Gyár. *dyahr.* Factory.

2116. Házmester. *HAHZ-mehsh-tehr.* Janitor.

2117. Hideg. *HI-dehg.* Cold.

2118. Hivatalos közlemény.
HI-vaw-taw-losh KÖZ-leh-mayny.
Public notice.

2119. Hölgyek. *HÖL-dyehk.* Ladies.

2120. Húzni. *HOOHZ-ni.* Pull.

2121. Indulás. *IN-doo-lahsh.* Departure.

2122. Itt kapható. *it KAWP-haw-toh.* On sale here.

2123. Jegyiroda. *YEHDY-i-ro-daw.* Ticket office.

2124. Kereskedelmi iskola.
KEH-rehsh-keh-dehl-mi ISH-ko-law.
Business school.

2125. Kiadó [ház]. *KI-aw-doh [hahz].*
[House] for rent.

2126. Kiárusítás. *KI-ah-roo-shee-tahsh.* Sale.

2127. Kijárat. *KI-yah-rawt.* Exit.

2128. Kiskereskedelem. *KISH-keh-rehsh-keh-deh-lehm.*
Retail.

2129. Klinika. *KLI-ni-kaw.* Clinic.

2130. Kórház. *KOHR-hahz.* Hospital.

2131. Könyvtár. *KÖNYF-tahr.* Library.

2132. Léghűtött. *LAYK-hüh-tött.* Air conditioned.

2133. Lenn (OR: Lent). *lehnn (OR: lehnt).* Down.

2134. Lépcső. *LAYP-chöh.* Stairs.

2135. Lift. *lift.* Elevator.

2136. Magánterület. *MAW-gahn-TEH-rü-leht.*
Private property.

2137. Magánút. *MAW-gahn-ooht.* Private road.

2138. Nagykereskedelem.
NAWTY-keh-rehsh-keh-deh-lehm.
Wholesale.

2139. Nincs előadás.   *ninch EH-löh-AW-dahsh.*
No performance.

2140. Nők.   *nöhk.*   Ladies' room (LIT.: Women).

2141. Nyilvános telefon.   *NYIL-vah-nosh TEH-leh-fon.*
Public telephone.

2142. Nyitva.   *NYIT-vaw.*   Open.

2143. Nyitva reggel kilenctől este nyolcig.
*NYIT-vaw REHG-gehl KI-lehnts-töhl EHSH-teh
NYOL-tsig.*
Open from 9 A.M. to 8 P.M.

2144. Önkiszolgáló.   *ÖN-ki-sol-gah-loh.*
Self-service.

2145. Pályaudvar.   *PAH-yaw-OOD-vawr.*
Railroad Station.

2146. Postaláda.   *POSH-taw-LAH-daw.*   Mail box.

2147. Rendőrség.   *REHND-öhr-shayg.*   Police.

2148. Szabad.   *SAW-bawd.*
Vacant (i.e., available or for hire).

2149. Szemét.   *SEH-mayt.*   Refuse.

2150. A szünidő tartamára zárva.
aw SÜ-ni-döh TAWR-taw-mah-raw ZAHR-vaw.
Closed for vacation.

2151. Taxiállomás.   *TAWK-si-AHL-lo-mahsh.*
Taxi stand.

2152. Telefon.   *TEH-leh-fon.*   Telephone.

2153. Televízió. *TEH-leh-VEE-zi-oh.* Television.

2154. Temető. *TEH-meh-töh.* Cemetery.

2155. Tilos. *TI-losh.* Forbidden.

2156. Tilos a bemenet [kivéve hivatalos ügyben].
TI-losh aw BEH-meh-neht [KI-vay-veh HI-vaw-taw-losh ÜDY-behn].
No admittance [except on business].

2157. Tilos a dohányzás. *TI-losh aw DO-hahny-zahsh.*
No smoking.

2158. Tilos a fürdés. *TI-losh aw FÜR-daysh.*
Bathing not allowed.

2159. Tilos a köpködés. *TI-losh aw KÖP-kö-daysh.*
No spitting.

2160. Tilos az átjárás. *TI-losh awz AHT-yah-rahsh.*
No trespassing.

2161. Tolni. *TOL-ni.* Push.

2162. Urak. *OO-rawk.* Gentlemen.

2163. Úszni tilos. *OOHS-ni TI-losh.* No swimming.

2164. Útjavítás. *OOHTY-tyaw-vee-tahsh.*
Men at work.

2165. Üres. *Ü-rehsh.* Vacant (i.e., available).

2166. Városháza. *VAH-rosh-HAHZ-aw.* City hall.

2167. Váróterem. *VAH-roh-TEH-rehm.*
Waiting room.

2168. Vasár- és ünnepnap zárva.
VAW-shahr- aysh ÜN-nehp-nawp ZAHR-vaw.
Closed on Sundays and holidays.

2169. Vécé (W.C.). *VAY-tsay.* Toilet.

2170. Vészkijárat.   *VAYS-ki-yah-rawt.*
Emergency exit.

2171. Vigyázat.   *VI-dyah-zawt.*   Attention.

2172. Vigyázat, lépcső.   *VI-dyah-zawt, LAYP-chöh.*
Watch your step.

2173. Vigyázat, mázolva.   *VI-dyah-zawt, MAH-zol-vaw.*
Wet paint.

2174. Vigyázz, a kutya harap.
VI-dyahzz, aw KOO-tyaw HAW-rawp.
Beware of dog.

2175. [Egy óra]kor visszajövök.
[ehdydy OH-raw]-kor VIS-saw-YÖ-vök.
Will return at [one P.M.].

2176. A vonatokhoz.   *aw VO-naw-tok-hoz.*
To the trains.

INDEX

The sentences, words and phrases in this book are numbered consecutively from 1 to 2176. The entries in the index refer to those numbers. In addition, each major section heading (capitalized entries) is indexed according to page number. In cases where there may be confusion, parts of speech are indicated by the following abbreviations: *adj.* for adjective, *adv.* for adverb, *n.* for noun and *v.* for verb. (Rather than prepositions, Hungarian has postpositions—abbreviated *post.*—which follow a word instead of preceding it.) Parentheses are used for explanations, as they are in the body of the phrasebook. Quotation marks indicate Hungarian entries that are the functional rather than the lexical equivalents of an English word: the Hungarian "*útjavítás*," listed under "men at work," literally means "road repairs." Ellipsis dots (...) are used when the equivalent of an English entry consists of two or more Hungarian words that may be separated by other words in a sentence (check the entry listed for a specific example of usage).

Because of the already large extent of the indexed material, cross-indexing has generally been avoided. Phrases or groups of two words or more will usually be found under only one of their components, e.g., "express train" only under "express," though there is a separate entry for "train" alone. If you do not find a phrase under one word, try another.

Every English word or phrase in the index is followed by one or more Hungarian equivalents, which are ordinarily given in dictionary form: the nominative singular for nouns and the third person singular indefinite for verbs. (Hungarian adjectives and adverbs are generally invariable.) Pronouns are used less often than in English; they are usually understood from the form of the verb. Masculine and feminine forms, when they differ, follow the abbreviations M. and F., respectively.

In effect, the reader is provided with an up-to-date English-Hungarian glossary. Of course, a knowledge of Hungarian grammar is necessary for making the best use of this index, especially since Hungarian is a highly inflected language. To assist you in using the correct forms of words, the index lists all the sentences which include different forms of a word. Under "address" (nominative singular *cím*), for example, sentences 87, 136 and 332 are listed. They provide the forms *címem* (my address) *címet* (the accusative form) and *címre* (to [this] address), respectively. Invariable forms are indexed only once, and only one appearance of each variation is listed, so that there are no duplicate listings. The beginner would do well to look at all the sentences listed for a Hungarian word in order to become familiar with the range of variations (and at all the Hungarian equivalents listed for an English word in order to become familiar with their different shades of meaning).

It is not the purpose of the present book to teach Hungarian grammar, but it will give you the proper form to look up in a dictionary, where you will find more information.

Where a numbered sentence contains a choice of Hungarian equivalents (e.g., entry 307, which gives *pályaudvar* and *vasútállomás* for "railroad station"), only the first choice has been included in the index. (Always refer to the numbered sentence for more information.)

aluminum: *alumínium* 1371

A.M. (= in the night): *éjjel* 1915; (morning) *reggel* 2100

ambulance: *mentőautó* 1826

American (*adj.*): *amerikai* 81

analgesic: *fájdalomcsillapító* 1436

anchovy sauce: *ajókamártás* 954

and: *és* 31

anesthetic: *érzéstelenítő* 1751; *érzéstelenítés* 1820

angry, be: *haragszik* 108

animal: *állat* 2080

ankle: *boka* 1839

anniversary: *évforduló* 1969

announcement: *bejelentés* 280

another: *más* 1256; *még* 644; let's have—: *igyunk még egyet* 730

answer (*v.*): *válaszol* 121; (phone): *felveszi a kagylót* 530

antibiotic (*n.*): *antibiotikum* 1426

antifreeze: *fagyálló* 415

antique (*n.*): *régiség* 1271; —shop: *régiségkereskedés* 1625

antiseptic (*n.*): *antiszeptikum* 1437

anyone: *valaki* 111

apartment: *lakás* 658; —house: *bérház* 208

APARTMENT: USEFUL WORDS, p. 55

appendicitis attack: *vakbélgyulladás* 1765

appendix: *vakbél* 1840

appetite: *étvágy* 818, 1728

apple: *alma* 1014; —sauce: *almamártás* 955

appointment, make an: *bejelenti magát* 1610

approach (road): *bekötő út* 374

apricot: *sárgabarack* 1030; —brandy: *barackpálinka* 710

April: *április* 1974

archeology: *archeológia* 1065

architecture: *építészet* 1064

arm: *kar* 1841

armpit: *hónalj* 1842

around (*post.*): *körül* 223

arrive: *érkezik* 55, 278

art: *művészet* 1070; folk—: *népművészet* 1068; —gallery: *képtár* 1626

artery: *ütőér* 1843

artichoke: *articsóka* 964

artist's materials: *festő-árúkereskedés* 1627

arts and crafts: *iparművé-szet* 1069

as: *amilyen* 545

ashore, go: *száll partra* 234

ashtray: *hamutartó* 667

asparagus: *spárga* 999

aspirin: *aszpirin* 1436

attention: *vigyázat* 2171

attractively, more: *szebben* 595

August: *augusztus* 1978

aunt: *nagynéni* 2067

AUTO: DIRECTIONS, p. 31

AUTO: GAS STATION AND AUTO REPAIR SHOP, p. 34

AUTO: HELP ON THE ROAD, p. 33

automatic: *automata* 478

auto rental: *gépkocsiköl-csönző* 1628

auto repairs: *javítóműhely* 1629

autumn: *ősz* 1985

avenue: *út* 206

avoid: *elkerül* 371

axle: *tengely* 416

baby: *bébi* 1704; *kisbaba* 1702; —food: *bébitáp-*

szer 1708; —powder: *babahintőpor* 1709; —sitter: *pótmama* 1698

BABY CARE: p. 124

back (*adv.*): *vissza* 545; (*n.*): *hát* 1723, 1844

bacon: *szalonna* 857

bag: *bőrönd* 157

BAGGAGE, p. 13

baggage: *poggyász* 151, 168, 170, 173; —(check)-room: *poggyászmegőrző* 176

baked: *sütve* 781

bakery: *pék* 1630

Balaton, Lake: *Balaton* 1057

balcony: *erkély* 575; —seat: *erkélyülés* 1117

ballet: *balett* 1129

ballpoint pen: *golyóstoll* 1411

banana: *banán* 1016

bandaged: *kötésben* 1740

bandages: *kötszer* 1439

band-aid: *tapasz* 1438

bank: *bank* 1631; —draft: *bankcsekk* 1216

BANK AND MONEY, p. 92

bar: *bár* 1632

barber: *borbély* 1633

BARBER SHOP, p. 118

beyond (*post.*): *után* 207
bib: *előke* 1710
bicarbonate of soda: *szóda-bikarbóna* 1442
bicycle: *kerékpár* 359
bill (banknote): *címlet* 1219; (check): *számla* 630, 814, 1293
birthday: *születésnap* 1968
biscuits; sweet butter—: *vajas pogácsa* 1050; —with bacon cracklings: *tepertős pogácsa* 1004
black: *fekete* 174
black-and-white: *fekete-fehér* 1516
blanket: *takaró* 644
bleed: *vérzik* 1832
blister: *hólyag* 1767
blood: *vér* 1846; —sausage: *véres hurka* 924; —vessel: *ér* 1847
blouse: *blúz* 1303, 1562
blue: *kék* 1357
board (*v.*): *beszáll* 273; go on— (boat): *beszáll* 231
boarding house: *penzió* 551
boarding pass: *beszálló kártya* 281
BOAT, p. 19
body: *test* 1848
boil (*n.*): *furunkulus* 1768
boiled: *főtt* 782

bolt: *csavar* 418
bone: *csont* 1849
bon voyage: *jó utat* 232
book (*n.*): *könyv* 1392; (*v.*): *rezervál* 1053
bookshop: *könyvesbolt* 1635
BOOKSHOP, STATIONER, NEWSDEALER, p. 104
boots: *csizma* 1305
bored, be: *unatkozik* 1084
boric acid: *bórsav* 1443
borrow: *kölcsönkér* 390
botanical garden: *füvész-kert* 1079
bother, don't: *ne törődjék vele* 19
bottle: *üveg* 705; —opener: *sörnyitó* 669
bottled: *üvegben* 729
boulevard: *körút* 205
bourbon: *bourbon* 717
bowel: *bél* 1850
box: *doboz* 1531; (in theater): *páholy* 1118; —office: *jegypénztár* 1130
boy: *fiú* 70; —friend: *barát* 44
bracelet: *karkötő* 1306
brain: *agy* 1851
brake: *fék* 402

calf (leg): *lábikra* 1853
calf's brains: *borjúvelő* 898
call (*n.*): *beszélgetés* 527;
    (*v.*): *felhív* 547; *hív* 275,
    363; —back: *vissza-
    telefonál* 546; —for
    (= come): *jön* 1059;
    (= look for): *keres* 623
camera: *fényképezőgép*
    1514
CAMERA SHOP AND
    PHOTOGRAPHY,
    p. 111
camping; —equipment:
    kempingfelszerelés 1193;
    —permit: *kempingen-
    gedély* 1194
campsite: *kemping* 1192
can (*aux.v.*): *see* able, be
cancel: *lerendel* 252
candle: *gyertya* 647
candy: *édesség* 1531;
    —shop: *édességbolt* 1637
cane: *bot* 1309
canned: *konzervből* 770
can opener: *konzervnyitó*
    671
cantaloupe: *sárgadinnye*
    1031
cap: *sapka* 1310
captain: *kapitány* 247
car: *kocsi* 345, 386, 388,
    389, 2094

caraway soup: *kömény-
    magos leves* 874
carbon paper: *másolópapír*
    1408
carburetor: *porlasztó* 423
cards (playing): *játék-
    kártyák* 1393; play—:
    kártyázik 1168
careful: *óvatos* 26
carefully: *gondosan* 1292;
    vigyázva 183; more—:
    óvatosabban 335
carp: *ponty* 948
carriage (baby): *gyerek-
    kocsi* 1706
carrot: *sárgarépa* 994
carry: *visz* 176, 178, 269
cash (*v.*): *bevált* 1214
cashier: *pénztáros* 631; —'s
    desk: *pénztár* 812
casino: *játékkaszinó* 1134
castle: *kastély* 1076; *vár* 190
cathedral: *székesegyház*
    1072
Catholic: *katolikus* 1094
catsup: *pikáns mártás* 820
cauliflower: *karfiol* 980
cavity, I have a: *egy lyukas
    fogam van* 1818
celery: *zeller* 1010; —root
    salad: *zellersaláta* 890
Celsius: *Celsius* 1508
cemetery: *temető* 2154

drive: *elvisz* 393; —around:
hajt korül 334
driver: *vezető* 323
driver's license: *vezetői
engedély* 346
drop (*n.*): *csepp* 1755
drugstore: *gyógyszertár*
1650
DRUGSTORE ITEMS, p.
107
dry (*adj.*): *száraz* 793
dry-clean: *kitisztít* 1570
dry-cleaner: *vegytisztító*
1561
dryer: *szárítógép* 683
duck: *kacsa* 930
dumpling, bite-size: *ga-
luska* 972; little pinched
—: *csipetke* 968;
semolina—: *daragombóc*
970; small semolina—:
daragaluska 969
duty (fee): *vám* 166
dye (*v.*): *befest* 1616
dysentery: *vérhas* 1780

ear: *fül* 1858; —plugs: *fül-
dugasz* 1458
earache: *fülfájás* 1781
earlier (*adj.*): *korábbi* 285
early: *korán* 75
earrings: *fülbevaló* 1316
easiest: *legegyszerűbb* 369

east: *kelet* 193
Easter: *húsvéti ünnep* 1966
economy class: *turista-
osztály* 265
egg: *tojás* 857; —barley:
tarhonya 1002; baked—
barley: *tarhonya főzés*
1002
eight: *nyolc* 606, 1996
eighteen: *tizennyolc* 2006
eighth: *nyolcadik* 2034
eighty: *nyolcvan* 2016
elbow: *könyök* 1859
electrical supplies:
villanyüzlet 1652
electrical system: *elekt-
romos berendezés* 431
elevator: *lift* 599
eleven: *tizenegy* 1999
eleventh: *tizenegyedik* 2037
else: *más* 165
embassy: *követség* 127
embroidery: *hímzés* 1533
emergency: *sürgős eset* 149;
—brake: *vészfék* 419;
—exit: *vészkijárat* 272,
2170
employee: *alkalmazott* 2089
employment agency: *mun-
kaközvetítő hivatal* 1653
end (*n.*): *vég* 1150
enema bag: *beöntési tölcsér*
1458

engaged (= occupied): *foglalt* 2110

engine: *motor* 432

English, in (*adv.*): *angolul* 109

enjoy; I—myself: *jól érzem magam* 43; —oneself: *mulat* 1083

enlarge (film): *megnagyít* 1519

enough: *elég* 804

en route: *útközben* 262

ENTERTAINMENTS, p. 85

entrance: *bejárat* 214, 1086; *bemenet* 2086

envelope: *boríték* 1395

epidemic: *járvány* 1782

epsom salts: *keserűsó* 1459

eraser: *radír* 1396

escalator: *mozgólépcső* 222

espresso: *eszpresszo* 836

evening: *este* 3, 1927

every: *minden* 1931

EVERYDAY PHRASES, p. 1

everyone: *mindenki* 1128

everything: *minden* 158, 162

exactly: *pontosan* 1917

excellent: *kitűnő* 817

except: *kivéve* 2156

excess (weight): *többletsúly* 268

exchange (*v.*): *becserél* 1300; *bevált* 1218; —rate: *beváltási árfolyam* 1213

excursion: *kirándulás* 1052

excuse me: *bocsánat* 14

exhaust pipe: *kipufogócső* 433

exit: *kijárat* 1087

expect: *vár* 621

expensive: *drága* 1236

explain: *megmagyaráz* 354

export (*n.*): *export* 1292

express train: *gyorsvonat* 287

expressway: *autópálya* 375

exterior (*n.*): *külső* 434

external: *külső* 1433

extract (*v.*): *kihúz* 1822

eye: *szem* 1722, 1860; —cup: *szemöblítő csésze* 1460; —wash: *szemvíz* 1461

eyebrow: *szemöldök* 1607

eyelashes: *szempilla* 1861

eyelid: *szemhéj* 1862

face: *arc* 1863; —powder: *púder* 1485

facial (*n.*): *arckezelés* 1619

factory: *gyár* 224

Fahrenheit: *Fahrenheit* 1508

faint (v.): *elájul* 1830;
I feel—: *bágyadtnak
érzem magam* 1783
fair (weather): *szép* 1946
fall (v.): *elesik* 1829
familiar; be—with: *ismer*
353
FAMILY, p. 145
fan (n.): *ventillátor* 435;
—belt: *ékszíj* 436
far: *messze* 1120
fashionable, more: *diva-
tosabb* 1244
fast, be (watch): *siet* 1574
fasten: *bekapcsol* 276;
—together: *összeerősit*
1588
father: *apa* 2058
father-in-law: *após* 2073
fatty: *kövér* 771
fault: *hiba* 140
February: *február* 1972
feed (v.): *megetet* 1700
feel: *érzi magát* 1735, 1737
fender: *sárhányó* 437
ferry: *komp* 241
fever: *láz* 1784
few, a: *néhány* 2052
fiction: *regényirodalom*
1397
fifteen: *tizenöt* 2003
fifth: *ötödik* 2031
fifty: *ötven* 2013

figs: *füge* 1023
fill (prescription): *csinál*
1423; —it up: *tankolja
tele* 395; —out: *kitölt*
557
filled, have (prescription):
bevált 1731
filling (tooth): *tömés* 1810,
1811, 1823
film: *film* 1515; roll of—:
filmtekercs 1514
filter-tip: *szürős* 1551
find: *talál* 136
fine arts gallery: *szépművé-
szeti múzeum* 1088
finger: *ujj* 1832
fingernail: *köröm* 1865
finished: *készen* 167
fire: *tüz* 147
firewood: *tüzifa* 1196
first: *első* 236; —class: *első
osztály* 265
fish: *hal* 750; breaded fried
—: *kirántott hal* 942; —in
aspic: *kocsonyázott hal*
982; —soup: *halászlé*
872; —stew: *paprikás hal*
946
FISH AND SEAFOOD,
p. 73
fishing, (go): *halászni megy*
1184; —tackle: *horgász-
felszerelés* 1182

inner tube: *tömlő* 457

insect, —bite: *rovarcsípés* 1766; —spray: *rovarirtó* 639

insecticide: *rovarirtószer* 1472

inside: *bent* 211; —room: *udvari szoba* 566

insomnia: *almatlanság* 1792

instrument panel: *műszertábla* 458

insurance policy: *biztosítási forma* 349

insure: *biztosít* 510

interested in, I am: *engem ...érdekel* 1064

interesting: *érdekes* 1081

intermission: *szünet* 1125

internal: *belső* 1432

international: *nemzetközi* 346

intersection: *útkereszteződés* 377

intestines: *belek* 1878

introduce: *bemutat* 27

iodine: *jód* 1473

iron (*v.*): *vasal* 641; (metal): *vas* 1375

island: *sziget* 1055

Italian, in (*adv.*): *olaszul* 112

jack: *kocsiemelő* 390

jacket: *zakó* 1320; dinner —: *szmoking* 1321

jam: *dzsem* 853; —pockets: *lekváros derelye* 1040

janitor: *házmester* 2116

January: *január* 1971

jaw: *állkapocs* 1879

jewelry: *ékszer* 1535; —store: *ékszerész* 1665

job: *munkakör* 88

joint: *ízület* 1880

July: *július* 1977

June: *június* 1976

just: *csak* 1596

kabobs: *rablóhús nyárson* 915

kaiser rolls: *zsemle* 850

keep: *megtart* 342, 1601; *tart* 1740

key: *kulcs* 138, 603

khaki: *khaki* 1361

kidney: *vese* 1881; —and mushrooms: *vese gombával* 925

kilo, per: *kilónként* 268

kilometer, per: *kilométerenként* 330

kind (*adj.*): *kedves* 21

king-size: *extra hosszú* 1550

kitchen: *konyha* 662

knee: *térd* 1882

knife: *kés* 762

know: *tud* 117

kohlrabi: *karalábé* 1005

lace: *csipke* 1536

ladies('): *hölgyek* 2119;
—clothing store: *női
ruhaüzlet* 1643; —hair-
dresser: *női fodrász* 1660;
—room: "*nők*" 2140

lady: *hölgy* 2119

lake: *tó* 596, 1208

lamb: *bárány* 892; —stew:
báránypörkölt 893

lamp: *lámpa* 686

large: *nagy* 765

larger: *nagyobb* 590

larynx: *gégefő* 1883

last (*adj.*, = past): *múlt*
1936; (*v.*): *tart* 1127;
—year: *tavaly* 1937

late: (*adv.*): *későn* 279;
be—: *elkésik* 76; how—
are we: *mennyi késésünk
van* 300

later (*adj.*): *későbbi* 286;
(*adv.*): *később* 546

laundry: *szennyes* 1560;
(business): *mosoda*
1667

LAUNDRY AND DRY
CLEANING, p. 114

lawyer: *ügyvéd* 1666

laxative: *hashajtó* 1474

layer cake: *torta* 1049;

—with chocolate cream:
dobos torta 1049

lead (*v.*): *vezet* 365

leak (*v.*): *szivárog* 408

lean (*adj.*): *sovány* 775

lease (*n.*): *bérleti szerződés*
665

leather: *bőr* 1388

leave (= depart): *elutazik*
629; *indul* 54; *megy* 1090;
(something): *hagy* 172,
544, 559, 626

left, to the: *balra* 169

leg: *láb* 1884

lemon: *citrom* 1017;
with—: *citromos* 841

lemonade: *limonádé* 719

length: *hosszúság* 1266

lengthen: *hosszabbít* 1584

lens: *lencse* 1525

lentil soup: *lencseleves* 876

less: *kevesebb* 800

letter: *levél* 611

lettuce salad: *fejessaláta*
883

library: *könyvtár* 1074, 2131

licensed: *államilag jogo-
sított* 1051

license plate: *rendszámtábla*
459

lie down: *lefekszik* 1836

lifeboat: *mentőcsónak* 239

life preserver: *mentőöv* 240

musical (*adj.*): *zenés* 1136;
—instruments: *hang-szerek* 1674
must: *see* have to
mustache: *bajusz* 1606
mustard: *mustár* 824
mutton: *ürühús* 922

nail (finger): *köröm* 1890;
(metal): *szög* 468; —file:
körömráspoly 1479;
—polish: *körömlakk* 1480
name: *név* 77, 141
nap (*v.*): *alszik* 1703
napkin: *szalvéta* 756
native (folk): *hazai* 1069
nausea: *hányinger* 1796
navel: *köldök* 1891
near: *közel* 196
nearest: *legközelebbi* 393
neck: *nyak* 1892
necklace: *nyaklánc* 163
necktie: *nyakkendő* 1323
need (*v.*): *szükség...-re* 1181
needle: *tű* 1591
needlework: *varrottas* 1537
negative (*n.*): *negatív* 1526
nephew: *unokaöcs* 2070
nerve: *ideg* 1893
new: *új* 1269; —year: *újév* 1967

newspaper: *újság* 1403
newsstand: *újságárusbódé* 1675
next: *jövő* 42; *következő* 201; (= nearest): *leg-közelebbi* 364; —to: *mellett* 208
niece: *unokahúg* 2069
night: *éjjel* 1931, *éjszaka*, 577; for one—: *egy éjszakára* 577; —letter: *levéltávirat* 517
nightclub: *éjszakai mulatóhely* 1137
NIGHTCLUB AND DANCING, p. 88
nightgown: *női hálóing* 1324
nine: *kilenc* 1997
nineteen: *tizenkilenc* 87
ninety: *kilencven* 2017
ninth: *kilencedik* 2035
no: *nem* 10
noise, make a: *kattog* 409
noisy: *lármás* 597
nonalcoholic: *alkohol-mentes* 720
nonfiction: *nem szépiro-dalom* 1404
nonstop: *leszállás nélküli* 261
noodles: *metélt* 987; hot sweetened—with curds: *túrós metélt* 1041; hot

son: *fiú* 2062
soon: *hamar* 545
sorry, I am: *sajnálom* 20
SOUPS, p. 68
south: *dél* 193
souvenir: *emléktárgy* 1545
spaghetti: *spagetti* 998
spare tire: *pótkerék* 488
spark plugs: *gyújtógyertya* 483
speak: *beszél* 109, 110, 113, 114, 535, 1421
special delivery: *expressz* 505
specialist: *szakorvos* 1759
specialty: *specialitás* 749
speedometer: *sebességmérő* 484
spell (*v.*, = write): *ír* 126
spicy: *fűszeres* 778
spinach: *spenót* 1000
spine: *hátgerinc* 1901
spitting: *köpködés* 2159
spleen: *lép* 1902
sponge: *szivacs* 1502
spoon: *kanál* 765
sporting goods: "*sport-bolt*" 1687
SPORTS AND GAMES, p. 89
sports event: *sportesemény* 1145
sprain (*n.*): *ficam* 1801

spray (*v.*): *szétpermetez* 639
spring (metal): *rugó* 1590; (season): *tavasz* 1983
square (*n.*): *tér* 212
stage: *színpad* 1120
stain: *folt* 1567
stairs: *lépcső* 221, 2134
stale: *nem friss* 791
stamp (*n.*): *bélyeg* 512
standing room: *állóhely* 1146
starch (*v.*): *keményít* 1566
start (car): *begyullad* 411
starter: *indítómotor* 485
state (*adj.*): *állami* 188
station: *állomás* 211
stay: *marad* 94, 1734; *megmarad* 1089
steak: *bifsztek* 895;
—cooked in paprika-coated bacon: *szallonás sült* 916
steel: *acél* 1377
steering wheel: *kormány-kerék* 486
step, watch your: "*vigyázat, lépcső*" 2172
stewardess: *stewardess* 275
stockbroker: *tőzsdeügynök* 1688
stockings: *harisnya* 1346
stomach: *gyomor* 1903

APPENDIX:
COMMON ROAD SIGNS

 Veszélyes útkanyarulatok.
Dangerous bend.

 Veszélyes útkanyarulat jobbra.
Right bend.

 Útkereszteződés.
Intersection.

 Vasúti sorompó.
Level-crossing.

 Vasúti átjáró sorompó nélkül.
Level-crossing without gates.

Jelzőlámpa következik.
Traffic signals ahead.

Útjavítás.
Road works.

Gyalogátkelőhely.
Pedestrian crossing.

Gyerekek váratlan felbukkanása várható.
Children.

Vigyázat, kisérő nélküli állatok (OR: **Vadveszély**).
Animal crossing.

Útszúkület.
Road narrows.

Egyenetlen úttest.
Uneven or rough road.

Meredek lejtő.
Steep or dangerous hill.

Csúszós úttest.
Slippery road.

Elsőbbségadás kötelező.
Right of way.

Vigyázat, szembejövő forgalom lehetséges.
Two-way traffic ahead.

Egyéb veszély.
Danger.

Omlásveszély az úton.
Danger from falling rocks.

Állj! Elsőbbségadás kötelező.
Stop at intersection.

Minkét irányból tilos.
Closed to all vehicles.

Behajtani tilos.
No entry.

Zsákutca.
Dead-end.

Balra bekanyarodni tilos.
No left turns.

Megfordulni tilos.
No U turns.

Előzni tilos.
No passing.

Megengedett legnagyobb sebesség.
Speed limit.

Hangjelzés tilos.
Sounding horn prohibited.

Várakozni tilos.
No parking.

Megállni tilos.
Stopping prohibited.

Előírt haladási irány.
One-way traffic.

**Veszélyes kettős útkanyarulat
előbb balra.**
Double curve, first to the left.

Körforgalom.
Traffic circle.